इक़बाल की ज़िंदगी और शायरी

इक़बाल की ज़िन्दगी और शायरी

सम्पादक

सुरेश सलिल

वाणी प्रकाशन

प्रकाशन के उत्कृष्टतम 60 वर्ष

पेपरबैक पहला संस्करण : 2006
पेपरबैक दूसरा संस्करण : 2009
पेपरबैक तीसरा संस्करण : 2023

vaniprakashan.com

वाणी प्रकाशन
4695, 21-ए, दरियागंज, नयी दिल्ली-110 002
फ़ोन : +91 11 23273167, 23275710
शाखाएँ
अशोक राजपथ, पटना-800 004, बिहार
कॉफ़ी हाउस कैम्पस, महात्मा गांधी मार्ग, इलाहाबाद-211 001, उत्तर प्रदेश
महात्मा गांधी अन्तरराष्ट्रीय हिन्दी विश्वविद्यालय, वर्धा-442 001, महाराष्ट्र
36/ए, शेक्सपियर सरणी, रानी बिरला गर्ल्स कॉलेज के पास, कोलकाता-700 017, प. बंगाल
sales@vaniprakashan.in
vaniprakashan@gmail.com

Iqbal Ki Zindagee Aur Shairee
Edited by Suresh Salil

ISBN : 978-93-5229-135-9
Ghazals

मूल्य : ₹ 125

आर. टेक ऑफ़सेट प्रिंटर्स, दिल्ली-110 032 में मुद्रित
वाणी प्रकाशन का लोगो मक़बूल फ़िदा हुसेन की कूची से

अनुक्रम

इक़बाल की ज़िंदगी और शायरी 7
तराना-ए-हिन्दी 19
मेरा वतन वही है 20
हिमाला 21
परिन्दे की फ़रियाद 24
माँ का ख़्वाब 25
बच्चों की दुआ 27
राम 28
नानक 29
नया शिवाला 30
फ़र्माने-ख़ुदा (फ़रिश्तों से) 31
सरमाया-ओ-मेहनत 32
सदा-ए-दर्द[1] 34
तस्वीरे-दर्द (चुने हुए अंश) 35
शिकवा (कुछ चुने हुए अंश) 39
ज़माना 42
एक आरज़ू 43
शबनम और सितारे 45
हमदर्दी 47
कली 48
फूल 49
फूलों की शहज़ादी 50
लाला-ए-सहरा 51
हक़ीक़ते-हुस्न 52
गदाई[1] 53
फ़ल्सफ़ा-ए-ख़ुदी[1] 54
फ़ल्सफ़ा-ए-ग़म 55
साक़ी 57
ग़ज़लें-रुबाइयाँ-क़त्अे 61

इक़बाल की ज़िंदगी और शायरी

अल्लामा इक़बाल का एक मशहूर शे'र है :
हज़ारों साल नर्गिस अपनी बेनूरी पे रोती है
बड़ी मुश्किल से होता है चमन में दीदावर पैदा।

इसे गुनगुनाते हुए अक्सर यह बात दिमाग में कौंध-कौंध जाती है कि एक बड़ा शा'इर दरअस्ल भविष्यदृष्टा होता है और जाने-अनजाने वह अपने शेरों में अपनी क़िस्मत का लेख भी लिख जाता है। इस शे'र को कहते हुए अल्लामा इक़बाल मानो यह भलीभांति जान-समझ रहे हों कि वह बीसवीं सदी की उर्दू शा'इरी के बगीचे के दीदावर बन कर इल्मो-अदब की दुनिया में जा रहे हैं।

बीसवीं सदी अब ख़त्म हो चुकी है। इन सौ सालों का लेखाजोखा लेते हुए अगर हमें हिंदुस्तान की कुल शा'इरी में से दो ऐसे शा'इरों के नाम चुनने हों, जिन्होंने समूची दुनिया के इल्मो-फ़न, ज्ञान-दर्शन और चिंतन को अपनी शाइरी से प्रभावित किया, तो हमारे जेहन में एक नाम रवीन्द्रनाथ ठाकुर का और दूसरा डा. सर मोहम्मद इक़बाल का आयेगा। हिंदुस्तान और पाकिस्तान की चौहद्दियों से बाहर आज भी लोग बतौर शा'इर इन दो शख्सियतों के अलावा शायद ही कोई और नाम जानते हों। बाद के दौर ने, इस मायने में, थोड़ी-सी शोहरत फ़ैज़ अहमद फ़ैज़ को बेशक मिली। सन् 1970 के आसपास पेंगुइन इंटरनेशनल वालों ने, एलेन बोल्ड के संपादन में, दुनिया की सोशलिस्ट पोएट्री की एक एंथोलॉजी प्रकाशित की थी, जिसमें हिंदुस्तान की कुल शा'इरी में से सिर्फ़ दो शा'इरों को लिया गया था। एक इक़बाल को और दूसरे फ़ैज़ अहमद फ़ैज़ को। इक़बाल के यहाँ दर्शन और अध्यात्म का रंग बहुत गहरा है। अक्सर सियासी बहसों में उन्हें इस्लाम और पाकिस्तान के जन्म की राजनीति से भी जोड़ दिया जाता है। लेकिन यह एक हैरत में डालने वाली दिलचस्प बात है कि कुल हिंद के समाजवादी डा. इक़बाल की शा'इरी को अपनी तरक्की पसंद रिवायत के हिस्से के तौर पर देखते हैं—जबकि टैगोर के नाम के साथ उनके दिमाग

में 'किंतु-परंतु' भी रहते हैं, इक़बाल दरअस्ल समूची इंसानियत की बेहतरी के शा'इर थे और एक बड़ा शा'इर बड़ा इंसान पहले होता है। बड़प्पन का जज़्बा ही उसे बड़ा शा'इर बनाता है।

जीवन-परिचय

इक़बाल का जन्म 9 नवम्बर 1877 को अविभक्त भारत के स्यालकोट (पंजाब) शहर में हुआ। उनके पिता शेख नूर मुहम्मद का वहाँ एक छोटा-सा कारोबार था। वहीं उनके दो बेटों का जन्म हुआ। बड़े का नाम था अता मुहम्मद और छोटे का मुहम्मद इक़बाल। दोनों भाइयों के बीच, उम्र में, चौदह साल का अंतर था। यानी अता मुहम्मद, मुहम्मद इक़बाल से चौदह साल बड़े थे।

शेख़ नूर मुहम्मद पढ़े-लिखे सज्जन व्यक्ति थे। उनमें धार्मिक निष्ठा भी खूब थी। लेकिन वे आधुनिकता के तकाज़ों से भी वाकिफ़ थे। लिहाजा उन्होंने अपने बेटों की पढ़ाई-लिखाई में कोई कोताही नहीं बरती। बड़े बेटे को उन्होंने इंजीनियरिंग की उच्च शिक्षा दिलाई और वह इंजीनियर बन गया। छोटे बेटे मुहम्मद इक़बाल से उन्होंने कहा कि तुम जितना- जो कुछ पढ़ना चाहो पढ़ो, बस शर्त यह है कि बड़े और नेक इंसान बनो।

इक़बाल की बुनियादी तालीम एक मदरसे से शुरू हुई। उनके पहले शिक्षक मौलवी मीर हसन हुए। जो अरबी-फ़ारसी के प्रसिद्ध विद्वान थे। उन्होंने इक़बाल के अदबी रूझान को बचपन में ही भाँप लिया था। मौलवी मीर हसन खुद भी साहित्यिक रुचियों वाले विद्वान थे। लिहाजा उन्होंने इक़बाल को इसी नजरिये से अरबी-फ़ारसी के ज्ञान-भंडार से परिचित कराया। लेकिन इक़बाल ने जब चौथी जमात तक की तालीम पूरी कर ली, तो एक रोज़ उनके वालिद ने मौलवी मीर हसन से ख़्वाहिश जाहिर की कि कुछ दिन बेटे को मस्जिद की मजहबी तालीम दिला देना भी खूब रहेगा शायद! लेकिन मौलवी मीर हसन उनकी इस पेशकश से सहमत नहीं हुए, उन्होंने कहा, 'शेख़ साहब, बेटे की ज़िंदगी को अपने तज्रुबात का मैदान मत बनाओ। मैंने इन चार सालों में बख़ूबी जान लिया है कि उसके लिए तालीम का सबसे मौज़ूँ और मुफीद रास्ता क्या हो सकता है। उसे मस्जिद वग़ैरह की मजहबी तालीम के चक्कर में डालने के बजाय, सीधे अंग्रेजी क़ाइदे के स्कूल में तो जाइए।' लिहाजा मुहम्मद इक़बाल की मदरसे की पढ़ाई जब ख़त्म हुई, तो उन्हें उसी शहर के मिशन स्कूल में दाखिला दिला दिया गया।

मिशन स्कूल अंग्रेज़ी क़ायदे-कानून का स्कूल था। वहाँ अंग्रेजी माध्यम से पढ़ाई होती थी, हर साल इम्तिहान होते थे और प्राइमरी, मिडिल, इंट्रेंस व एफ.ए. (इंटरमीडियेट) की स्टेजेज थीं। इक़बाल गये तो थे वहाँ मदरसे से निकल कर, लेकिन प्रतिभा का कमाल देखिये, कि प्राइमरी से लेकर एफ.ए. तक हरेक परीक्षा में वे फ़र्स्ट डिवीज़न

ही नहीं पास हुए, बल्कि पहली पोज़ीशन भी हासिल की। इंट्रेस की परीक्षा फ़र्स्ट क्लास फ़र्स्ट पास करने पर उन्हें एफ.ए. की पढ़ाई के लिए वज़ीफ़ा भी मिला। लेकिन जब एफ.ए. का इम्तिहान भी इक़बाल ने फ़र्स्ट क्लास फ़र्स्ट में पास कर लिया, तो शेख़ नूर मुहम्मद के सामने सवाल पैदा हुआ कि अब बेटे को उच्च शिक्षा के लिए कहाँ ले जाया जाए! मिशन स्कूल में सिर्फ़ एफ.ए. तक की पढ़ाई ही होती थी।

एफ.ए. से आगे की पढ़ाई की स्यालकोट में कोई व्यवस्था न थी। लिहाजा बी.ए., एम.ए. की पढ़ाई के लिए इक़बाल को लाहौर जाना पड़ा, वहाँ के गवर्नमेंट डिग्री कालेज में उन्होंने दाखिला लिया। पढ़ाई तो वहाँ भी पहले की ही तरह हुई—बी.ए. और एम.ए. की परीक्षाएँ फ़र्स्ट क्लास फ़र्स्ट श्रेणी में इक़बाल ने उत्तीर्ण कीं। इसके लिए उन्हें दोनों बार गोल्ड मैडिल मिले, लेकिन गवर्नमेंट कालेज लाहौर में उन्हें अलग से एक फ़ायदा यह हुआ, कि वहाँ उन्हें दर्शनशास्त्र के विद्वान डॉ. अर्नाल्ड की शागिर्दी करने का मौक़ा भी मिला। डॉ. अर्नाल्ड दर्शन शास्त्र के माने हुए विद्वान तो थे ही, अरबी-फ़ारसी आदि प्राच्य विद्याओं का भरपूर और हार्दिक ज्ञान भी उन्हें था। वे मौलाना शिबली के शागिर्द रह चुके थे और अलीगढ़ कालेज में दस साल तक पढ़ा भी चुके थे। डॉ. अर्नाल्ड की शागिर्दी से मुहम्मद इक़बाल के ज्ञान-भंडार और जीवन-दर्शन में अपार वृद्धि हुई।

गवर्नमेंट कॉलेज, लाहौर से एम.ए. करने के बाद, उच्च शिक्षा का सिलसिला कुछ दिनों रुका रहा। इस दौरान मुहम्मद इक़बाल ने पहले ओरिएंटल कॉलेज में और फिर गवर्नमेंट कॉलेज, लाहौर में शिक्षक का दायित्व सँभाला, जिस गवर्नमेंट कॉलेज में पहले वह खुद पढ़ते थे, अब वहीं प्रोफेसर लग गये। लेकिन इक़बाल इतने-भर से संतुष्ट हो जाने वाले इंसान नहीं थे। उन्हें तो अभी योग्यता और सफलता की और-और मंज़िलें तै करनी थीं।

इसी उपक्रम में सन् 1905 ई. में वे दर्शन शास्त्र की उच्च शिक्षा प्राप्त करने के इरादे से इंग्लैंड गये और वहाँ के कैम्ब्रिज विश्वविद्यालय में दाखिला लेकर फिलॉसफ़ी का विशेष अध्ययन करने लगे। परीक्षा में बैठे और ऊँचे नम्बरों से पास हुए, इसके बाद उन्होंने ईरान की एक व्यापक यात्रा की और वहाँ से लौटकर एक पुस्तक लिखी—'दि डिवेलपमेंट आफ़ मेटाफ़िज़िक्स इन पर्शियन'। प्राच्य दर्शन के इस विद्वत्तापूर्ण शोध की गरिमा का अंदाज़ा इसी बात से लगाया जा सकता है कि इसी को आधार बनाकर जर्मनी के म्युनिख विश्वविद्यालय ने उन्हें पी.एच.डी. की उपाधि प्रदान की। इस उपाधि के बाद, मुहम्मद इक़बाल के नाम के आगे 'डॉक्टर' का ख़िताब भी जुड़ गया।

जर्मनी से शोध उपाधि हासिल करने के बाद डॉ. इक़बाल एक बार फिर लंदन वापस लौटे। इस बार सबसे पहला काम उन्होंने बैरिस्ट्री की परीक्षा पास करने का किया। और जब डॉक्टर के साथ-साथ बैरिस्टर भी बन गये, तो उच्च अध्ययन का

कार्यक्रम एक तरह से पूरा हो गया, इस बीच गवर्नमेंट कॉलेज, लाहौर के उनके गुरु डॉ. अर्नाल्ड भी स्वदेश वापस लौट चुके थे और लंदन विश्वविद्यालय में अरबी के प्रोफेसर पद पर नियुक्त थे। वहाँ उनका सान्निध्य तो इक़बाल को मिला ही, साथ ही जब वे छह महीने के अल्पकालिक अवकाश पर गये, तो उनके स्थान पर अस्थाई नियुक्ति के बतौर डॉ. इक़बाल को नियुक्त किया गया। इस प्रकार इस अध्ययन-यात्रा में डॉ. इक़बाल ने लंदन विश्वविद्यालय में छह महीने का अरबी के अध्यापन का अनुभव भी अर्जित किया।

डॉ. इक़बाल तीन वर्ष यूरोप में रहे। लेकिन इस अल्प अवधि में ही उन्होंने पाश्चात्य जीवन-दर्शन का सारतत्व जान लिया, और इस निष्कर्ष पर पहुँचे, कि जीवन-दृष्टि के बतौर तो यूरोप का भौतिकतावादी दर्शन पूर्व की आध्यात्मिक ऊँचाई का मुक़ाबला नहीं कर सकता। लेकिन जो आधुनिक दृष्टि पश्चिम के पास है, उसे अपनाये बिना पूर्व के लोग अपनी जड़ताओं से नहीं उबर सकते। इक़बाल के समूचे जीवन-दर्शन और उनके साहित्यिक कृतित्व का निचोड़ यही है।

सन् 1908 में डॉ. इक़बाल स्वदेश वापस लौटे और गवर्नमेंट कालेज, लाहौर में प्रोफेसर नियुक्त हो गये। उन्हें वेतन मिलने लगा पाँच सौ रुपये मासिक। साथ ही, सर्विस करने के दौरान वकालत करने की छूट भी उन्हें मिली हुई थी। इसके बावजूद यूरोप से वापस लौटने के बाद उन्होंने कुल ढाई साल नौकरी की। उसके बाद वे पूरी तरह वकालत में लग गये। लेकिन इस क्षेत्र में भी वे दौलत के पीछे अँधे होकर नहीं दौड़े। कुछेक गिने चुने मामले ही वे लेते थे।

इक़बाल ने अपने जीवन में कुल तीन शादियाँ कीं और पत्नियों का वियोग भी सहा। जीवन के आखिरी दौर में उन्होंने लाहौर के न्यू रोड पर अपनी खुद की कोठी बनाई और उसका नामकरण अपने बेटे के नाम पर 'जावेद मंज़िल' किया। अंतिम दिनों में उन्हें आँखों की और साँस की तकलीफ रहने लगी थी। लेकिन समय रहते वे अपनी वसीयत लिखने में कामयाब रहे और अंत में 21 अप्रैल 1938 को 65 वर्ष की उम्र में उन्होंने अपने भौतिक जीवन की अंतिम साँस ली। मृत्यु से लगभग 10-12 साल पहले उन्हें ब्रिटिश सरकार ने 'सर' की उपाधि से भी नवाजा था। यह उपाधि अंग्रेज हुक्मरान, लोकप्रिय छवि को ध्यान में रखकर, गिने-चुने भारतीयों को ही प्रदान करते थे। इक़बाल के अलावा साहित्य के क्षेत्र में सिर्फ रवीन्द्रनाथ टैगोर को ही 'सर' की उपाधि प्रदान की गई।

साहित्यिक जीवन

इक़बाल के साहित्यिक जीवन का सूत्रपात उनके विद्यार्थी-काल में, किशोरावस्था में ही, हो गया था। वे ग़ज़लें कहते, क़तूए या रुबाई कहते और इस्लाह (संशोधन) के लिए उस ज़माने के उस्तादुल उस्ताद शायर हज़रत दाग़ के पास बजरिये डाक

भेज देते। कुछ दिनों में ही दाग़ साहब को यह इल्म हो गया, कि यह लड़का तो उर्दू शा'इरी के चमन में दीदावर बन कर पैदा हुआ है। इसे इस्लाह किस बात की! उसके बाद वे इक़बाल के क़लाम को बग़ैर सुधारे ही वापस भेजने लगे। लिखतेः ''बर्खुर्दार, तुम तो अपनी शा'इरी से दूसरों को रास्ता दिखने के लिए पैदा हुए हो। तुम्हें अब किसी के इस्लाह की ज़रूरत नहीं।''

उन्हीं दिनों लाहौर में एक मुशायरा हुआ। उस मुशायरे में उस ज़माने के नामी शा'इर मिर्ज़ा अरशद गौरगानी भी मौजूद थे। मिर्ज़ा का रौबदाब मुशायरों में कुछ ऐसा था, कि बड़े-बड़े शा'इरों की सिट्टी पिट्टी गुम हो जाती थी। वहीं इक़बाल को शे'र पढ़ने के बुलाया गया। उन्होंने शे'र पढ़ाः

मोती समझ के शान-ए-करीमी ने चुन लिये
क़तरे जो थे मेरे अर्क़े-इन्फ़िआल के।

और शे'र पूरा भी नहीं होने पाया कि मिर्ज़ा गौरगानी उछल पड़े, उन्होंने तपाक् से आगे बढ़कर इक़बाल का माथा चूमा, "सुब्हान अल्लाह! सुब्हान अल्लाह, साहबज़ादे! यह नौ उम्र और यह शे'अर!" दूसरा कोई होता, तो वह वाहवाही पर इतराता फिरता लेकिन इक़बाल मुशायरे लूटने-भर के लिए नहीं पैदा हुए थे। उन्हें ग़ज़ल की सस्ती लोकप्रियता से आगे जाकर नज़्म की कड़ियल ज़मीन तोड़नी थी। और सचमुच इक़बाल ने नज़्म की कड़ियल ज़मीन तोड़ी। एम.ए. करने के बाद जिस दौरान वे अध्यापन कर रहे थे।

'अंजुमन हिमायते इस्लाम' के एक सालाना जल्से में इक़बाल को अपना क़लाम पेश करने को बुलाया गया। वहां 'मख़ज़न' पत्रिका के संपादक और प्रसिद्ध आलोचक शेख़ अब्दुल क़ादिर भी मौजूद थे। इक़बाल ने वहाँ अपनी मशहूर नज़्म 'नाला-ए-यतीम' सुनाई, जिसमें दर्द का एक दरिया-सा उमड़ा पड़ रहा था। हालांकि उस नज़्म में मेलो-ड्रामा ख़ासा था, लेकिन शेख़ अब्दुल क़ादिर को इक़बाल के व्यक्तित्व में छिपी अद्भुत काव्य-प्रतिभा को पहचानते वक़्त न लगा। उन्होंने इक़बाल से उनकी अगली नज़्म 'मख़ज़न' में देने का वादा ले लिया। इस तरह इक़बाल की नज्म 'हिमाला', 'मख़ज़न' के अप्रैल 1901 के अंक में प्रकाशित हुई, तो समूचे उर्दू काव्य-जगत में तहलका मच गया।

ऐ हिमाला, ऐ फ़सीले-किश्वरे-हिंदोस्ताँ।
चूमता है तेरी पेशानी को झुक कर आस्माँ।।
तुझ में कुछ पैदा नहीं देरीना रोज़ी के निशाँ,
तू जवाँ है गर्दिशे-शामो-सहर के दरमियाँ।।
एक जलवा था कलीमे-तूरे-सीना के लिए,
तू तजल्ली है सराफ चश्मे-बीना के लिए।।

इम्तिहाने-दीदा-ए-ज़ाहिर में कोहिस्ताँ है तू,
पासबाँ अपना है तू, दीवारे-हिंदोस्ताँ है तू।।...

इस नज़्म को छापने के बाद शेख़ अब्दुल क़ादिर ने अपने रिसाले में लिखा, कि मानो पंजाब के एक गोशे में, जिसे स्यालकोट कहते हैं, ग़ालिब ने ही दोबारा जन्म ले लिया हो! इसके बाद तो 'नया शिवाला', 'तराना-ए-हिंदी', 'हिंदुस्तानी बच्चों का क़ौमी गीत' आदि इक़बाल की, नयी सोच व देशप्रेम से परिपूर्ण नज़्मों का कुछ ऐसा ताँता-सा लग गया, कि आम हिंदुस्तानी की देशभक्ति की कसौटी ही इक़बाल की नज़्में बन गईं। उनकी सबसे प्रसिद्ध नज़्म 'तराना-ए-हिंदी' के बारे में, दिल्ली की 'जौहर' पत्रिका के इक़बाल विशेषांक (1938) में महात्मा गाँधी का एक ख़त छपा थाः "... डॉ. इक़बाल मरहूम के बारे में क्या लिखूँ? लेकिन मैं इतना तो कह सकता हूं कि जब उनकी मशहूर नज़्म 'हिंदोस्ताँ हमारा' पढ़ी तो मेरा दिल भर आया और बड़ौदा जेल में तो सैकड़ों बार मैंने इस नज़्म को गाया होगा..." एक और मौक़े पर गाँधी जी ने इस गीत को भारत की राष्ट्रभाषा का नमूना कहा। कौन ऐसा हिंदुस्तानी दिल है जो इक़बाल का 'हिंदुस्ताँ हमारा' सुनकर धड़कने नहीं लगता, और यदि कोई ऐसा दिल है तो मैं उसे उसकी बदनसीबी ही समझूँगा। इस तराने की ज़बान हिंदी या हिंदुस्तानी या उर्दू है? कौन कह सकता है कि यह हिंदुस्तान की राष्ट्रभाषा नहीं है?"

यहाँ 'तराना-ए-हिंदी' की रचना का संदर्भ जान लेना भी उचित होगा। जिन दिनों डॉ. इक़बाल गवर्नमेंट कॉलेज लाहौर से एम.ए. करने के बाद वहीं प्रोफेसरी कर रहे थे। उन्हीं दिनों लाला हरदयाल, जिन्होंने आगे चल कर क्रांतिकारी आंदोलन और स्वाधीनता संघर्ष में बड़े कष्ट झेले-बड़ी शोहरत पाई, उसी कॉलेज में एम.ए. के विद्यार्थी थे। वे कुछ दिनों अमेरिका रह आये थे और लाहौर के यंग मेंस क्रिश्चियन एसोसियेशन (वाइ.एम.सी.ए.) के नियमित सदस्य थे, उन दिनों वहाँ युवकों की एकमात्र यही सांस्कृतिक संस्था थी। हरदयाल के मन में क्रांति और आजादी की भावनाएँ बहुत पहले से ज़ोर मारने लगी थीं। इसी रौ में एक दिन एसोसियेशन के सेक्रेटरी से किसी बात पर उनका गहरा वादविवाद हो गया। उससे उत्तेजित होकर हरदयाल ने उसी वक्त वाइ.एम.सी.ए. के जवाब में यंग मेंस इंडियन एसोसियेशन (वाइ.एम.आर.ए.) की स्थापना की घोषणा कर दी। लाहौर के सभी कालेज के विद्यार्थियों ने इसका जोरदार स्वागत किया। हरदयाल ने उसके स्थापना समारोह की अध्यक्षता के लिए इक़बाल से गुजारिश की और इक़बाल प्रसन्नतापूर्वक तैयार भी हो गये। अंत में जब जलसे का वक्त आया और इक़बाल से अध्यक्षीय भाषण देने को कहा गया। तो वो माइक हाथ में लेकर, कोई तक़रीर करने के बजाय, झूमझूम कर- तरन्नुम के साथ यह नज़्म पढ़ने लगे;

सारे जहाँ से अच्छा हिंदोस्ताँ हमारा।
हम बुलबुलें हैं इसकी ये गुलिस्ताँ हमारा।।...

और आगे चल कर यही नज़्म हिंदोस्तान के हर ख़ासो-आम की ज़बान पर चढ़ कर 'तराना-ए-हिंदी' के नाम से मशहूर हुई। यह 1904 का वाक़या है। चालीस साल बाद, 1947 में जब मुल्क तकसीम होकर हिंदुस्तान-पाकिस्तान की शक्ल में सामने आया और नोअरावली में भीषण साम्प्रदायिक दंगे हुए, तो वहां सद्भाव कायम कराने के इरादे से महात्मा गाँधी ने नोआखाली की जो ऐतिहासिक यात्रा की, उसमें भी उन्होंने इसी गीत को अपना मानसिक संबल बनाया। 21 अगस्त की उनकी प्रार्थना सभा में यही गीत गाया था।

सन् 1905 की अपनी पहली विदेश यात्रा से पहले इक़बाल की शा'इरी के मुख्य विषय देशप्रेम, साम्राज्यवाद व पिछड़ेपन का विरोध के आसपास केंद्रित हुआ करते थे। उसी दौरान उन्होंने 'नया शिवाला' नज़्म में कहाः

सच कह दूँ ऐ बिरहमन, गर तू बुरा न माने,
तेरे सनम कदों के बुत हो गये पुराने।
अपनों से बैर रखना तूने कहाँ से सीखा–
जंगो-अदल सिखाया वाइज़ को भी ख़ुदा ने।
तंग आके मैंने आख़िर दैरो-हरम को छोड़ा
वाइज़ का वाज़ छोड़ा, छोड़े तेरे फ़साने।...
एक और नज़्म की ये पंक्तियाँ देखेंः
वतन की फ़िक्र कर नादाँ, मुसीबत आने वाली है
तेरी बरबादियों के मश्वरे हैं आसमानों में
न समझोगे तो मिट जाओगे ऐ हिंदोस्ताँ वालो
तुम्हारी दास्ताँ तक भी न होगी दास्तानों में...

1905 तक की इक़बाल की शा'इरी को उनके समूचे अदबी व्यक्तित्व का पहला दौर कहा जा सकता है। इस दौर में उनके काव्य-सरोकार मुख्य रूप से देशप्रेम, राष्ट्रीय-भावना, सामराजी लूटखसोट, अज्ञान और पोंगापंथ के आसपास केंद्रित थे। लेकिन जब वे तीन साल की यूरोप की यात्रा करके वापस लौटे तो अपने साथ अपने विचारलोक में भारी उथलपुथल भी लेकर आये। यूरोप में उन्होंने पाश्चात्य वर्चस्व का जो रूप देखा और एशिया के इस्लामी मुल्कों की जो बदहाली देखी उससे उनके मन पर गहरा असर हुआ। दूसरी तरफ प्लेटो, अरस्तू, डार्विन, नीत्शे, हेगेल, फ्रायड, मार्क्स, कांट और बर्गसां के अध्ययन से उन्हें विज्ञान, मनोविज्ञान, दर्शन आदि मानव-विज्ञानों की जो गहरी अंतर्दृष्टि प्राप्त हुई, उससे भी उनकी शा'इरी का स्वरूप बदला। वे आर्ट को ज़िंदगी के मातहत तो पहले से मानते थे और किसी भी प्रकार

के कलावाद को छूट देने के पक्षधर नहीं थे, लेकिन अब उन्हें मनुष्य की आध्यात्मिक चेतना और आधुनिक जीवन दृष्टि को तार्किक आधार देने और विश्ववाद को विकसित करने की ज़रूरत महसूस हुई। 1911 में अंजुमन हिमायतुल इस्लाम के लाहौर में आयोजित सम्मेलन में उन्होंने अपनी ताज़ा नज़्म 'शिकवा' सुनाई, तो दानिशमंद श्रोताओं को इक़बाल की काव्यशैली में 1905 के बाद आये फ़र्क़ को पहचानने में मुश्किल नहीं हुई। 'शिकवा' के शुरुआती बंद इस प्रकार हैं:

है बजा शेवा-ए-तस्लीम में मशहूर हैं हम।
क़िस्सा-ए-दर्द सुनाते हैं कि मजबूर हैं हम।।
साज़े-ख़ामोश है, फ़रियाद से मामूर हैं हम।
नाला आता है अगर लब पे, तो माजूर हैं हम।।
ऐ ख़ुदा, शिकवा-ए-अरबाबे-वफ़ा भी सुन ले!
ख़ूगरे-हम्द से थोड़ा-सा गिला भी सुन ले!!
हमसे पहले था अजब तेरे जहाँ का मंजर।
कहीं मस्जूद थे पत्थर, कहीं माबूद शजर।।
ख़ूगरे-पैकरे-महसूस थी इन्साँ की नज़र।
मानता फिर कोई अनदेखे ख़ुदा को क्योंकर!!
तुमको मालूम है–लेता था कोई नाम तेरा?
क़ुव्वते-बाज़ू-ए-मुस्लिम ने किया काम तेरा।।
बस रहे थे यहीं सताजूक भी तूरानी भी।
अहले-चीं चीन में, ईरान में सासानी भी।।
इसी मामूरे में आबाद थे यूनानी भी।
इसी दुनिया में यहूदी भी थे नसरानी भी।।
पर तेरे नाम पर तलवार उठाई किसने?
बात जो बिगड़ी हुई थी वो बनाई किसने?
ये हमीं एक तेरे मार्फा-आराओं में।
खुश्कियों में कभी लड़ते, कभी दरियाओं में।।
दीं अजानें कभी यूरोप के कलीसाओं में।
कभी अफ़्रीका के तपते हुए सहराओं में।।
शान आँखों में न जचती थी जहाँदारों की।
कलमा पढ़ते थे हम, छाँव में तलवारों की।।
सफ़ा-ए-दहर से बातिल को मिटाया हमने।
नौ-ए-इन्साँ को गुलामी से छुड़ाया हमने।।
तेरे काबे को जबीनों से बसाया हमने।
तेरे क़ुरआन को सीने से लगाया हमने।।

फिर भी हमसे ये गिला है कि वफ़ादार नहीं!
हम वफ़ादार नहीं, तू भी तो दिलदार नहीं।।...
रहमतें हैं तेरी अग़ियार के काशानों पर।
बर्क़ गिरती है तो बेचारे मुसलमानों पर।।...

इस नज़्म में, इक़बाल के चिंतन और अंतर्द्वंद्व में आये बदलाव को देखा-पहचाना जा सकता है। अपनी विदेश यात्रा के दौरान उन्होंने यूरोप के साम्राज्यवादियों के हाथों मुस्लिम देशों और मुसलमानों का शोषण ही नहीं देखा, सरमाया और मेहनत के द्वंद्वात्मक रिश्तों को भी पहचाना और पूर्व के दर्शन और चिंतन की शक्ति को भी इस संदर्भ में इक़बाल की 'सरमाया-ओ-मेहनत' और 'फ़र्माने-ख़ुदा' नज़्में खासतौर से गौरतलब हैं। ख़ासतौर से इसीलिए कि इक़बाल की शा'इरी का यही वो रंग है, जिस पर आगे चल कर इंक़लाबी और तरक्की पसंद शा'इरी की परम्परा विकसित हुई—जोश, फ़िराक़ से लेकर मजाज़, फ़ैज़, साहिर तक सभी के क़लाम पर इक़बाल के इस रंग का असर देखा गया। 'सरमाया-ओ-मेहनत' नज़्म की ये पंक्तियाँ देखें:

बंदा-ए-मज़दूर को जाकर मेरा पैग़ाम दे,
ख़िज्र का पैग़ाम क्या है? यह पयामे-कायनात।
ऐ, कि तुझको खा गया सरमाया दारे-हीलागर
शाख़े-आहू पर रही सदियों तलक तेरी बरात।
दस्ते-दौलत-आफ़रीं को मुज्द यूँ मिलती रही
अहले-सर्वत जैसे देते हैं ग़रीबों को ज़कात।
साहिरे-अलभूत ने तुझको दिया बर्गे-हशीश
और तू ऐ बेख़बर समझा इसे शाख़े-नवात।
नस्ल क़ौमियत किलीसा सल्तनत तहज़ीब रंग
ख्वाजगी ने ख़ूब चुन-चुन कर बनाये मुस्किरात।
कट मरा नादाँ ख्याली देवताओं के लिए
सुक्र की लज़्ज़त में तू लुटवा गया न्क्दे-हयात।
मक्र की चालों से बाज़ी ले गया सरमायादार
इंतिहाये-सादगी से खा गया मज़दूर मात।
उठके अब बज़्मे-जहाँ का और ही अंदाज़ है
मशरिक़ो-मग़रिव में तेरे दौर का आग़ाज़ है।

इसी सिलसिले को इक़बाल ने 'फ़र्माने-ख़ुदा' नज़्म में, फ़रिश्तों को संबोधित करते हुए, और आगे बढ़ाया :

उट्ठो मेरी दुनिया के ग़रीबों को जगा दो!

कारख़े-उमरा के दरो-दीवार हिला दो!!
गरमाओ गुलामों का लहू सोज़े-यक़ीं से
कुंजश्के-फ़रोमाया को शाहीं से लड़ा दो!
सुलतानी-ए-जम्हूर का आता है ज़माना
जो नक़्शे-कुहन तुमको नज़र आये मिटा दो!
जिस खेत से दहकाँ को मयस्सर नहीं रोज़ी
उस खेत के हर ख़ोशा-ए-गंदुम को जला दो!
मैं नाख़ुशों-बेज़ार हूँ मरमर की सिलों से
मेरे लिए मिट्‌टी का हरम और बना दो!

लेकिन 1914 में छिड़ी पहली आलमी जंग के आसपास इक़बाल की शा'इरी की जुबान बिल्कुल बदल गई। वे उर्दू के बजाय फारसी में नज़्में कहने लगे और विषय-वस्तु की दृष्टि से भी वे दार्शनिक गहराइयों में ज़्यादा गहरे उतरने लगे। इस्लामी पुराणशास्त्र के साथ-साथ उन्होंने हिंदू पुराणशास्त्र को भी अपनी नई दृष्टि से एक नया जामा पहनाया और दार्शनिक स्तर पर विश्वास का एक नया पुराणशास्त्र रचते देखे गये। इस दृष्टि से उनकी 'इसरारे-खुदी', 'रमूजे खुदी', 'पयामे मशरिफ़' 'जबरीलो-इबलीस', 'जावेदनामा' आदि नज़्में विशेष रूप से उल्लेखनीय हैं। 'इसरारे--खुदी' में उन्होंने ईश्वरीय नियति के ऊपर मानवीय अस्मिता को प्रतिष्ठित किया और यह सिद्धांत प्रतिपादित किया, कि ईश्वर के सहारे बैठा रहने वाला आदमी ही अंत में नाकामी, शोषण और बरबादी का शिकार होता है। इक़बाल की इस कृति का अनुवाद अंग्रेजी में भी हुआ, और यूरोप अमेरिका तक के अरबी हल्कों में कवि की मौलिक प्रतिभा को मुक्त कंठ से स्वीकार किया गया। 'पयामे मशरिक़' में इक़बाल ने जन्नत का एक ऐसा रूपक खड़ा किया है, जहाँ ऐशो-इश्रत की हर चीज़ मौजूद है, लेकिन इंसानी दुनिया से वहाँ पहुँचा शायर उन सभी चीज़ों के प्रति बेरुखी अपनाये रहता है। जन्नत की हूर जब उससे इसकी वज़ह पूछती है, तो वह जवाब देता है कि मेरा मन यहाँ नहीं लगता। यहाँ की ख़ुशियाँ और ख़ूबसूरती देखकर मेरा मन इससे ज़्यादा बड़ी खुशियों और खूबसूरती के लिए छटपटाने लगता है। यानी इक़बाल इस रचना के माध्यम से उस असंतोष को रेखांकित करना चाहते हैं, जो किसी भी बड़े और प्रतिभावान कलाकार की बेहतर से और बेहतर की प्यास निरंतर जगाये और बढ़ाये रखता है। कहते हैं, कि 'पयामे मशरिक़' की रचना इक़बाल ने जर्मनी के महान कवि गोएटे की एक कृति के प्रत्युत्तर स्वरूप की थी। फ़ारसी में रची गई इक़बाल की महान कृतियों में एक नाम 'जावेदनामा' का भी आता है। इसकी रचना इक़बाल ने अपने जीवन के अंतिम दौर में, अपने बेटे के नाम को आधार बना कर की थी। विशुद्ध कवि-कल्पना से प्रेरित इस मस्नवी में कवि, फारसी के प्रसिद्ध सूफ़ी चिंतक और कवि रूमी के साथ ब्रह्मांड की यात्रा करता है और चंद्रलोक, बुध, ग्रह, शुक्र

ग्रह, मंगलग्रह, देवलोक की यात्रा करता हुआ विश्वमित्र, भर्तृहरि, कपिल, याज्ञवल्क्य, बुद्ध आदि प्राचीन भारतीय दार्शनिकों के संपर्क में आता है और उनसे विचार-विमर्श करता है। इस रचना में इक़बाल दरअस्ल सम्पूर्ण भारतीय चिंतन परम्परा के साथ इंटर-एक्ट करते हैं। इस दृष्टि से देखें तो इक़बाल बीसवीं सदी की भारतीय कविता के शायद सबसे पायेदार, सबसे उज्ज्वल प्रतिभा के रूप में हमारे सामने आते हैं। बेशक उनका नाम मुसलमान, इस्लाम धर्म, और इस्लामी राज्य की अवधारणा के लिए ख़ासतौर से उछाला गया। कुछ मौक़ों पर वह देश की मुस्लिम राजनीति के साथ खड़े भी देखे गये, लेकिन इक़बाल का सम्पूर्ण काव्य और चिंतन वस्तुतः मनुष्य-मात्र की बेहतरी और शोषण व दमन के विरुद्ध था। आखिरी दौर में उन्हें यह बात ख़ासतौर से परेशान करने लगी थी, कि उन्हें गलत समझा जा रहा है और गलत हवालों से उद्धृत किया जा रहा है। इसीलिए निधन से कुछ महीने पहले उन्होंने जवाहरलाल नेहरू को ख़ासतौर से ख़त लिखकर उनसे मिलने की इच्छा प्रकट की थी। पं. नेहरू उनसे मिलने लाहौर गये थे और इक़बाल ने उनके सामने अपना दिल खोल कर रख दिया था। इस घटना का ज़िक्र पं. नेहरू ने अपनी आत्मकथा में किया है।

इक़बाल अपने-आप को एक ऐसा मुसलमान मानते थे, जिसके पूर्वज हिंदू रहे हों। वे अपनी वंश-परम्परा कश्मीरी ब्राह्मणों के 'सप्रू' गोत्र से जोड़ते थे, शायद यहीं वजह रही हो, कि उनके काव्य में इस्लामी जीवन-दर्शन और पुराणशास्त्र के साथ-साथ हिंदू जीवन-दर्शन और पुराण-शास्त्र एक साथ घुले-मिले दिखाई देते हैं। उन्होंने कुरान की घटनाओं और चरित्रों पर नज़्में कहीं, तो स्वामी रामतीर्थ, गुरुनानक, आदि पर भी कविताएँ रचीं। वस्तुतः इक़बाल समग्र भारतीय चेतना और बीसवीं सदी के वैचारिक आलोड़न के कवि थे। उनकी कृतियों में फारसी की रचनाओं के साथ-साथ, उर्दू की चार कृतियों बाँगे-दरा, बाले-जिब्रील, ज़र्बे-कलीम और अर्मुगाने-हिजाज़ के नाम भी पूरे सम्मान के साथ दर्ज हैं।

–सुरेश सलिल

तराना-ए-हिन्दी

सारे जहाँ से अच्छा हिन्दोस्ताँ हमारा।
हम बुलबुलें हैं इसकी ये गुलिस्ताँ हमारा।
गुर्बत[1] में हों अगर हम रहता है दिल वतन में
समझो वहीं हमें भी दिल हो जहाँ हमारा।
परबत वो सबसे ऊँचा हमसाया आसमाँ का
वो संतरी हमारा, वो पासबाँ[2] हमारा।
गोदी में खेलती हैं, इसकी हज़ारों नदियाँ
गुलशन है जिनके दम से इश्के-जनाँ[3] हमारा।
ऐ आबे-रोदे-गंगा[4]! वो दिन है याद तुझको,
उतरा तिरे किनारे जब कारवाँ हमारा।
मज़हब नहीं सिखाता आपस में बैर रखना,
हिन्दी हैं हम, वतन है हिन्दोस्ताँ हमारा।
यूनानो-मिस्रो-रोमाँ सब मिट गये जहाँ से
अब तक मगर है बाक़ी, नामो-निशाँ हमारा।
कुछ बात है कि हस्ती मिटती नहीं हमारी
सदियों रहा है दुश्मन, दौरे-ज़माँ[5] हमारा।
'इक़बाल'! कोई मरहम[6] अपना नहीं जहाँ में,
मालूम क्या किसी को दर्दे-निहाँ[7] हमारा।

1. परदेस 2. रखवाला 3. स्वर्ग भी जिससे ईर्ष्या करे 4. ऐ गंगा नदी के जल 5. ज़माने का दौर या संसार-चक्र 6. अंदर की बात जानने वाला 7. भीतर का दर्द या आंतरिक वेदना

मेरा वतन वही है

चिश्ती[1] ने जिस ज़मीं पे पैग़ामे-हक़[2] सुनाया,
नानक ने जिस चमन में वह्दत[3] का गीत गाया,
तातारियों ने जिसको अपना वतन बनाया,
जिसने हिजाज़ियों[4] से दश्ते-अरब[5] छुड़ाया,
मेरा वतन वही है—मेरा वतन वही है।।
यूनानियों को जिसने हैरान कर दिया था,
सारे जहाँ को जिसने इल्मो-हुनर दिया था,
मिट्टी को जिसकी हक़[6] ने ज़र[7] का असर दिया था,
तुर्क़ों का जिसने दामन हीरों से भर दिया था,
मेरा वेतन वही है—मेरा वतन वही है।।
टूटे थे जो सितारे फ़ारस के आस्माँ से,
फिर ताब[8] दे के जिसने चमकाये कह्कशाँ-से[9],
वह्दत की लय सुनी थी दुनिया ने जिस मकाँ से,
मीरे-अरब[10] को आयी ठंडी हवा जहाँ से,
मेरा वतन वही है—मेरा वतन वही है।।
बंदे कलीम जिसके, परबत जहाँ के सीना,
नूहे-नबी का आकर ठहरा जहाँ सफ़ीना[11],
रिफ़अत[12] है जिस ज़मीं की बामे-फ़लक का ज़ीना[13],
जन्नत की ज़िंदगी है, जिसकी फ़िज़ा में जीना,
मेरा वतन वही है—मेरा वतन वही है।।

1. महान सूफ़ी संत ख्वाजा सलीम चिश्ती, 2. सत्य का संदेश, 3. अद्वैतवाद, 4. मक्का-मदीना क्षेत्र के अरबवासी, 5. अरब का बियाबान इलाका, 6. सत्य, 7. दौलत, 8. गर्मी, सहनशीलता, 9. आकाशगंगा की भाँति, 10. अरब के अमीर, 11. ऊँचाई, 12. आसमान की सीढ़ी

हिमाला

ऐ हिमाला! ऐ फ़सीले-किश्वरे-हिन्दोस्ताँ![1]
चूमता है तेरी पेशानी को झुककर आसमाँ।
तुझमें कुछ पैदा नहीं देरीना रोज़ी के निशाँ,[2]
तू जवाँ है गर्दिशे-शामो-सहर के दरमियाँ।
एक जलवा[3] था कलीमे-तूरे-सीना[4] के लिए,
तू तजल्ली[5] है यह क्या है?[6] चश्मे-बीना[7] के लिए।
इम्तिहाने-दीदा-ए-ज़ाहिर में कोहिस्ताँ है तू,[8]
पासवाँ अपना है तू, दीवारे-हिन्दोस्ताँ है तू।
मत्ला-ए-अव्वल फ़लक जिसका हो वो दीवाँ है तू,[9]
सूए-खिल्वतगाहे-दिलदामानकश इन्साँ है तू।[10]
बर्फ ने बाँधी है दस्तारे-फ़ज़ीलत[11] तेरे सर,
ख़ंदाज़न है जो कुलाहे मेहूरे-आलम-ताब पर।[12]
तेरी उम्रे-रफ़्ता की इक आन है अहदे-कुहन,[13]
वादियों में हैं तेरी काली घटाएँ ख़ैमाज़न[14]।
चोटियाँ तेरी सुरय्या[15] से हैं सर-गर्मे-सुख़न,[16]

1. मुल्क हिंदुस्तान की दीवार 2. पिछली या पुरानी जीवनवृत्ति के निशान 3. सौंदर्य-दर्शन 4. सिना के तट पर स्थित कोहतूर पहाड़ पर जाकर ख़ुदा से बातें करनेवाले, कलीम उपाधिधारी हज़रत मूसा 5. आध्यात्मिक ज्योति 6. सिर से पैर तक 7. मानवीय दृष्टि 8. ऊपरी तौर से देखने पर तू पर्वतमाला (कोहिस्तान) के रूप में है 9. जिसका पहला मत्ला सुबह का उजाला हो, तू वह काव्यकृति है 10. निकृष्ट और निर्जन स्थल में तू स्वाभिमानी पुरुष की भाँति खड़ा है, 11. श्रेष्ठता की पगड़ी, 12. जो संसार को रौशन करने वाले सूरज के ताप को भी छोटा और मामूली बनाती है, 13. तू अपनी उम्र में पुरातन युगों को समेटे हुए है, 14. डेरा डाले हैं, 15. रोशनियों के झाड़ या झुमका, 16. बातें करती हुई।

तू ज़मीं पर और पहना-ए-फ़लक[17] तेरा वतन।
चश्मा-ए-दामन तेरा आईना-ए-सय्याल है,[18]
दामने-मौजे-हवा[19] जिसके लिए रूमाल है।
अब्र[20] के हाथों में रहवारे-हवा[21] के वास्ते,
ताज़ियाना[22] दे दिया बर्क़े-सरे-कोहसार[23] ने।
ऐ हिमाला! कोई बाज़ीशाह[24] है तू भी जिसे,
दस्ते-कुदरत[25] ने बनाया है अनासिर[26] के लिए।
हाय क्या फ़र्ते-तरब[27] में झूमता आता है अब्र
फ़ीले-बेज़ंजीर[28] की सूरत उड़ा जाता है अब्र।
जुम्बिशे-मौजे-नसीमे-सुबह गहवारा बनी,[29]
झूमती है बश्शा-ए-हस्ती[30] में हर गुल की कली।
यूँ ज़बाने-बर्ग[31] से गोया है उसकी ख़ामुशी,
दस्ते-गुलचीं[32] की झटक मैंने नहीं देखी कभी।
कह रही है मेरी खामोशी ही अफ़साना मेरा,
कुंजे-ख़िल्वत ख़ाना-ए-क़ुदरत है काशाना मेरा।[33]
आती है नद्दी फ़राज़े-कोह[34] से गाती हुई,
कौसरो-तसनीम[35] की मौजों को शरमाती हुई।
आईना-सा शाहिदे-क़ुदरत[36] को दिखलाती हुई
संगे-रह[37] से गाह[38] बचती, गाह टकराती हुई।
छेड़ती जा इस ईराक़े-दिलनशी[39] के साज़ को,
ऐ मुसाफ़िर दिल समझता है तेरी आवाज़ को।
लैला-ए-शब[40] खोलती है आबे जब ज़ुल्फ़े-रसा,[41]

---

17. विस्तृत आकाश, 18. तेरी गोद का झरना स्वच्छ जल का दर्पण है, 19. हवा के झोंके, 20. बादल, 21. हवा के घोड़ों, 22. चाबुक, 23. पहाड़ों के बीच कौंधती बिजली, 24. खेल का मैदान, 25. प्रकृति के हाथों में 26. पाँचो तत्वों, 27. मस्ती से भरा हुआ, 28. बिना जंजीर वाला हाथी, 29. सुबह की हवा के झोंके पालना बन गये हैं, 30. जीवन के नशे में, 31. पत्तियों की सरसराहट की आवाज़, 32. फूल चुनने वाले के हाथ, 33. प्रकृति के आँचल का यह निर्जन एकांत स्थल ही मेरा छोटा-सा शीशमहल है, 34. पहाड़ी ऊँचाई 35. स्वर्गलोक के जलाशय, 36. सृष्टि के साक्षी, 37. राह में पड़नेवाले पत्थर, 38. कभी, 39. हदय से फूटते नये कोंपल या पत्ते, 40. रात रूपी लैला, 41. लम्बे केश।

दामने-दिल खींचती है आबशारों[42] की सदा।
वो ख़ामोशी शाम की जिस पर तकल्लुम[43] हो फ़िदा,
वो दरख़्तों पर तफ़क्कुर[44] का समाँ छाया हुआ।
काँपता फिरता है क्या रंगे-शफ़क़ कोहसार पर,[45]
ख़ुशनुमा लगता है ये ग़ाज़ा[46] तेरे रुख़्सार पर।
ऐ हिमाला! दास्ताँ उस वक़्त की कोई सुना,
मस्कने-आबा-ए-इन्साँ[47] जब बना दामन तिरा।
कुछ बता उस सीधी-सादी ज़िंदगी का माजरा,
दाग़ जिस पर ग़ाज़ा-ए-रंगे-तकल्लुफ़[48] का न था।
हाँ दिखा दे ऐ तसव्वुर[49]! फिर वो सुबहो-शाम तू,
दौड़ पीछे की तरफ़ ऐ गर्दिशे-अय्याम[50] तू।

---

42. झरनों 43. वार्तालाप या बातचीत, 44. चिंता या भय 45. पर्वतमालाओं पर काँपती-झलमलाती हुई सुबह की लाली कैसी तो है! 46. रूज़ पाउडर, 47. आदि मानव की निवासस्थली, 48. संकोच का रंग-रोगन 49. ऐ ध्यानमग्न तपस्वी, 50. ऐ कालयात्री।

परिन्दे की फ़रियाद

आता है याद मुझको गुज़रा हुआ ज़माना।
वो बाग़ की बहारें, वो सबका चहचहाना।
आज़ादियाँ कहाँ वो, अब अपने घोंसले की–
अपनी ख़ुशी से आना, अपनी ख़ुशी से जाना।
लगती है चोट दिल पर, आता है याद जिस दम–
शबनम[1] के आँसुओं पर कलियों का मुस्कुराना।
वो प्यारी-प्यारी सूरत, वो कामिनी-सी मूरत,
आज़ाद जिसके दम से, था मेरा आशियाना[2]।
आती नहीं सदायें[3], उसकी मिरे कफ़स[4] में,
होती मिरी रिहाई, ऐ, काश मेरे बस में।
क्या बदनसीब मैं हूँ घर को तरस रहा हूँ,
साथी तो हैं वतन में, मैं क़ैद में पड़ा हूँ।
आयी बहार, कलियाँ फूलों की हँस रही हैं,
मैं इस अंधेरे घर में, क़िस्मत को रो रहा हूँ।
इस क़ैद का, इलाही[5], दुखड़ा किसे सुनाऊँ,
डर है, यहीं कफ़स में मैं ग़म से भर न जाऊँ।
जब से चमन छुटा है, ये हाल हो गया है
दिल ग़म को खा रहा है, ग़म दिल को खा रहा है।
गाना इसे समझ कर, ख़ुश हों न सुनने वाले
दुखते हुए दिलों की, फ़रियाद यह सदा है।
आज़ाद मुझको कर दे, ओ क़ैद करने वाले,
मैं बेज़ुबाँ हूँ क़ैदी, तू छोड़ कर दुआ ले!

1. ओस 2. नीड़ या घोंसला 3. आवाज़ें 4. पिंजड़ा 5. ख़ुदा या ईश्वर।

माँ का ख़्वाब

मैं सोई जो इक शब तो देखा य' ख़्वाब,
बढ़ा और जिससे मिरा इज़्तिराब[1]।
ये देखा कि मैं जा रही हूँ कहीं,
अँधेरा है और राह मिलती नहीं।
लरजता है डर से मिरा बाल-बाल,
क़दम का था वहशत[2] से उठना मुहाल।
जो कुछ हौसला पा के आगे बढ़ी,
तो देखा, क़तार एक लड़कों की थी।
ज़मर्रूद-सी पोशाक पहने हुए,
दिये सबके हाथों में जलते हुए।
वो चुपचाप थे आगे-पीछे रवाँ,
ख़ुदा जाने जाना था उनको कहाँ!
इसी सोच में थी कि मेरा पिसर
मुझे उस जमाअत[3] में आया नज़र।
वो पीछे था, और तेज़ चलता न था,
दिया उसके हाथों में जलता न था।
कहा मैंने पहचान कर—'मेरी जाँ,
मुझे छोड़कर आ गये तुम कहाँ?
जुदाई में रहती हूँ मैं बेक़रार—
पिरोती हूँ हर रोज़ अश्कों के हार।
न परवा हमारी ज़रा तुमने की,

1. बेचैनी 2. डर या पागलपन 3. जमात, झुंड

गये छोड़, अच्छी वफ़ा तुमने की!'
जो बच्चे ने देखा मेरा पेचो-ताब,
दिया उसने मुँह फेर कर यूँ जवाब :
'रुलाती है तुमको जुदाई मिरी,
नहीं उसमें कुछ भी भलाई मिरी।'
य' कहकर वो कुछ देर तक चुप रहा,
दिया फिर दिखा कर ये कहने लगाः
'समझती है तू हो गया क्या इसे?
तिरे आँसुओं ने बुझाया इसे।'

बच्चों की दुआ

लब पे' आती है दुआ बनके तमन्ना मेरी,
ज़िंदगी शमा की सूरत[1] हो, ख़ुदाया[2], मेरी।
दूर दुनिया का मेरे दम से अँधेरा हो जाय
हर जगह मेरे चमकने से उजाला हो जाय।
हो मेरे दम से यूँ ही मेरे वतन की ज़ीनत[3],
जिस तरह फूल से होती है चमन की ज़ीनत।
ज़िंदगी हो मेरी परवाने की सूरत या रब[4]!
इल्म की शमा[5] से हो मुझको मुहब्बत या रब!
हो मेरा काम ग़रीबों की हिमायत करना,
दर्दमंदों से, ज़ईफ़ों[6] से मुहब्बत करना।
मेरे अल्लाह, बुराई से बचाना मुझको,
नेक जो राह हो, उस रह पे' चलाना मुझको।

---

1. दीपक की भाँति, 2. हे ईश्वर, 3. शोभा, 4. हे ईश्वर, 5. ज्ञान का दीपक, 6. बूढ़े लोग

राम

लबरेज़ है शराबे-हक़ीक़त से जामे-हिन्द।
सब फ़ल्सफ़ी हैं खित्ता-ए-मग़रिब के रामे-हिन्द।।[1]
ये हिन्दियों के फिक्रे-फ़लक[2] उसका है असर,
रिफ़अत[3] में आस्माँ से भी ऊँचा है बामे-हिन्द।[4]
इस देश में हुए हैं हज़ारों मलक[5] सरिश्त,[6]
मशहूर जिनके दम से है दुनिया में नामे-हिन्द।
है राम के वजूद पे हिन्दोस्ताँ को नाज़,
अहले-नज़र समझते हैं उसको इमामे-हिन्द।
एजाज़[7] इस चिराग़े-हिदायत[8] का है यही
रोशन तिराज़ सहर[9] ज़माने में शामे-हिन्द।
तलवार का धनी था, शुजाअत[10] में फ़र्द[11] था,
पाकीज़गी[12] में, जोशे-मुहब्बत में फर्द था।

1. हिन्द का प्याला सत्य की मदिरा से छलक रहा है। पूर्व के सभी महान चिंतक हिन्द के राम हैं। 2. महान चिंतन, 3. ऊँचाई, 4. हिंद का गौरव या ज्ञान, 5. देवता, 6. ऊँचे आसन पर विराजमान, 7. चमत्कार, 8. ज्ञान का दीपक, 9. भरपूर रोशनी वाला सबेरा, 10. वीरता, 11. एकमात्र अद्वितीय, 12. पवित्रता।

नानक

क़ौम ने पैग़ामे-गौतम की ज़रा पर्वा न की,
क़द्र पहचानी न अपने गौहरे-यकदाना[1] की।
आह, बदकिस्मत रहे आवाज़े-हक़ से बे-खबर,
ग़ाफ़िल अपने फल की शीरीनी[2] से होता शजर[3]।
आश्कार[4] उसने किया जो ज़िंदगी का राज़ था,
हिन्द को लेकिन ख़याली फ़ल्सफ़ा पर नाज़ था।
शम्म-ए-हक़[5] से जो मुनव्वर[6] हो ये वो महफ़िल न थी,
बारिशे-रहमत[7] हुई, लेकिन ज़मीं क़ाबिल न थी।
आह, शूद्र के लिए हिन्दोस्ताँ ग़मख़ाना था,
दर्दे-इन्सानी से इस बस्ती का दिल बेगाना था।
बरहमन सरशार[8] है अब तक मये-पिंदार[9] में,
शम्म-ए-गौतम जल रही है महफ़िले-अग़यार[10] में।
बुतकदा फिर बाद मुद्दत के मगर रौशन हुआ,
नूरे-इब्राहीम से आज़र का घर रौशन हुआ।
फिर उठी आख़िर सदा तौहीद[11] की पंजाब से,
हिन्द को इक मर्दे-कामिल[12] ने जगाया ख़्वाब से।

1. बेमिसाल मोती, 2. मिठास, 3. दरख़्त, 4. प्रकट, 5. सत्य के प्रकाश से, 6. प्रकाशमान, 7. कृपा-वर्षा, 8. उन्मत्त, 9. घमंड, 10. गैरों की महफ़िल 11. अद्वैतवाद, 12. सम्पूर्ण मनुष्य।

नया शिवाला

सच कह दूँ, ऐ रहमन, गर तू बुरा न माने,
तेरे सनमकदों के बुत[1] हो गये पुराने।
अपनों से बैर रखना तूने कहाँ से सीखा,
जंगो-जदल[2] सिखाया वाइज़[3] को भी ख़ुदा ने?
तंग आके मैंने आख़िर दैरो-हरम[4] को छोड़ा,
वाइज़ का वाज़[5] छोड़ा, छोड़े तेरे फ़साने।
पत्थर की मूरतों में समझा है तू ख़ुदा है!
ख़ाके-वतन का मुझको हर ज़र्रा देवता है!!
आं, ग़ैरियत[6] के पर्दे इया बार फिर उठा दें,
बिछड़ों को फिर मिला दें, नक़्शे-दुई[7] मिटा दें।
सूनी पड़ी हुई है मुद्दत से दिल की बस्ती,
आ, इक नवा शिवाला इस देस में बना दें!
दुनिया के तीरथों से ऊँचा है अपना तीरथ,
दामाने-आस्माँ[8] से इसका कलस मिला दें!
हर सुबह उठके गायें मंतर वो मीठे-मीठे,
सारे पुजारियों को मय पीत की पिला दें!
शक्ती भी, शांती भी, भगतों के गीत में है।
धरती के वासियों की मुक्ती पिरीत में है।।

---

1. मंदिरों की मूर्तियाँ, 2. लड़ाई-झगड़ा, 3. पंडित या मुल्ला, 4. मंदिर और काबा, 5. उपदेश, 6. बैरभाव, 7. भेदभाव, 8. आकाशलोक

फ़र्माने-ख़ुदा (फ़रिश्तों से)

उट्ठो, मेरी दुनिया के ग़रीबों को जगा दो!
कारब-ए-उमरा[1] के दरो-दीवार हिला दो!!
गरमाओ गुलामों का लहू सोज़े-यक़ीं से,
कुंजश्के-फ़रोमाया[2] को शाहीं[3] से लड़ा दो।
सुल्तानी-ए-जम्हूर[4] का आता है ज़माना,
जो नक़्शे-कुहन[5] तुमको नज़र आयें मिटा दो।
जिस खेत से दहक़ाँ[6] को मयस्सर नहीं रोटी,
उस खेत के हर ख़ोशा-ए-गंदुम[7] को जला दो।
क्यों ख़ालिक़ो-मख़्लूक़[8] में हायल[9] रहें पर्दे,
पीराने-कलीसा[10] को कलीसा से उठा दो।
हक़ रा बसुजूदे सनम रा बतवाफ़[11]
बेहतर है चिराग़े हरम-ओ-दैर बुझा[12] दो।
मैं नाख़ुशो-बेज़ार[13] हूँ मरमर के सिलों से,[14]
मेरे लिए मिट्टी का हरम और बना दो।
तहज़ीबे-नवी[15] कारगहे-शीशागराँ[16] है,
आदाबे-जुनूँ[17] शा'इरे-मशरिक़[18] को सिखा दो।

---

1. अमीरों के महल, 2. धन-दौलत की गौरैया, 3. बाज़ पक्षी 4. लोकतंत्र, 5. पुराने वक़्त के सड़े-गले निशान, 6. किसान, 7. अनाज की बाली, 8. ख़ुदा और उसकी बनाई हुई दुनिया, 9. आड़ करना, 10. पूजाघरों के पीरों को, 11. सत्य की खोज के लिए नतमस्तक होकर मूर्ति की परिक्रमा करने से, 12. देवालय, 13. नाराज़ और दुःखी, 14. संगे-मरमर की सिल्लियों से, 15. नयी सभ्यता, 16. शीशे की वस्तुओं का कारख़ाना, 17. दीवानगी के तौर-तरीके, 18. एशियाई अथवा हिंदुस्तानी कवियों।

सरमाया-ओ-मेहनत

बंदा-ए-मज़दूर को जाकर मेरा पैग़ाम दे,
ख़िज्र[1] का पैग़ाम क्या है? यह पयामे-क़ायनात[2]।
ऐ कि तुझको खा गया सरमायादारे-हीलागर[3],
शाख़े-आहू[4] पर रही सदियों तलक तेरी बरात[5]।
दस्ते-दौलत-आफ़रीं[6] को मुज्द[7] यूँ मिलती रही
अहले-सर्वत[8] जैसे देते हैं ग़रीबों को ज़कात[9]।
साहिरे-अलमूत ने तुझको दिया बर्गे-हशीश[10]
और तू ऐ बेख़बर समझा इसे शाख़े-न बात[11]।
नस्ल, क़ौमीयत, कलीसा, सल्तनत, तहज़ीब, रंग
ख़्वाजगी[12] ने ख़ूब चुन-चुन कर बनाये मुस्किरात[13]।
कट मरा नादाँ ख़्याली देवताओं के लिए
सुक्र[14] की लज़्ज़त में तू लुटवा गया नक़्दे-हयात[15]।
मक्र[16] की चालों से बाज़ी ले गया सर्मायादार,
इंतिहाये-सादगी से खा गया मज़दूर मात।
उठ, कि अब बज्मे-जहाँ[17] का और ही अंदाज़ है,
मशरिक़ो-मग़रिब में तेरे दौर का आग़ाज़ है।
हिम्मते-आली[18] तो दरिया भी नहीं करती क़बूल,

1. एक पैग्म्बर, जो जंगल में भटक गए लोगों को रास्ता दिखाता है 2. दुनिया का संदेश, 3. चालबाज पूँजीपति, 4. हिरन के सींग, 5. हुक्मनामा, 6. धन कमाने वाले हाथ, अर्थात् मज़दूर, 7. मेहनताना, 8. धनी, 9. खैरात, 10. भाँग (नशा), 11. मिसरी की डली, 12. धनी लोग, 13. नशीली चीज़ें, 14. घमंड, 15. नक़द पूँजी, 16. मक्कारी, 17. दुनिया, 18. महान साहस।

गुंचा साँ ग़ाफ़िल[19] तेरे दामन में शबनम कब तलक।
नग्मा-ए-बेदारी-ए-जम्हूर[20] है सामाने-ऐश,[21]
क़िस्सा-ए-ख़्वाब आवरे-अस्कंदरो-जम[22] कब तलक।
आफ़ताबे-ताज़ा[23] पैदा बतूने-गेती[24] से हुआ,
आस्माँ डूबे हुए तारों का मातम कब तलक।
तोड़ डालीं फ़ितरते-इन्साँ[25] ने ज़ंजीरें तमाम,
दूरी-ए-जन्नत[26] से रोती चश्मे-आदम[27] कब तलक।
बाग़बाने-चाराफ़र्मा[28] से य' कहती है बहार,
ज़ख़्मे-गुल[29] के वास्ते तदबीरे-मरहम[30] कब तलक।
फिर्मिके-नादाँ[31] तवाफ़े-शमूज़[32] से आज़ाद हो!
अपनी फ़ितरत के तजल्लीज़ार[33] में आबाद हो!

19. कली की तरह बेख़बर, 20. जनता की तकलीफ़ों का गाना, 21. मौज-मस्ती की चीज, 22. अस्फंदर व जमशेद आदि बादशाहों के नींद लाने वाले किस्से। 23. नया सूरज, 24. आसमान के पेट से, 25. आदमी के स्वभाव ने 26. स्वर्ग की दूरी, 27. आदमी की आँख, 28. माली, 29. फूल के ज़ख़्म 30. मरहम की तरकीब 31. उजाले से भरपूर स्थान।

सदा-ए-दर्द[1]

जल रहा हूँ कल नहीं पड़ती किसी पहलू मुझे,
हाँ, डुबो दे, ऐ मुहीते-आबे-गंगा[2] तू मुझे।
सरज़मीं अपनी क़यामत की निफ़ाक़ अंगेज़[3] है,
वस्ल[4] कैसा याँ तो एक कुर्बे-फ़िराक़ अंगेज़[5] है।
बदले यकरंगी के ये नाआश्नाई[6] है ग़ज़ब,
एक ही ख़िरमन[7] के दानों में जुदाई है ग़ज़ब।
जिसके फूलों में अखूवत की हवा आई नहीं,
उस चमन में कोई लुत्फ़े-नग़्मा पैराई नहीं।
लज़्ज़ते-क़ुर्बे-हक़ीक़ी[8] पर मिटा जाता हूँ मैं,
इख़्तिलाते-मौजो-साहिल[9] से भी घबराता हूँ मैं।
दाना-ए-ख़िरमन नुमा है शायरे-मुअज़्ज़बयाँ[10]
हो न ख़िरमन ही तो इस दाने की हस्ती फिर कहाँ!
हुस्न हो गया ख़ुदनुमा जब कोई माइल[11] ही न हो,
शमा को जलने से क्या मतलब जो महफ़िल ही न हो।
ज़ौक़े-गोयाई[12] ख़मूशी से बदलता क्यों नहीं,
मेरे आइने से ये जौहर निकलता क्यों नहीं!
कब ज़बाँ खोली हमारी लज़्ज़ते-गुफ़्तार[13] ने,
फूँक डाला जब चमन को आतिशे-पैकार[14] ने!

---

1. दर्द-भरी आवाज़, 2. दूर-दूर तक फैला हुआ गंगाजल, 3. विनाशक भेदभाव वाली, 4. मिलन, 5. भेदभाव वाली निकटता, 6. एक दिल होने के बजाय यह अपरिचय, 7. फ़सल, 8. सच्ची आत्मीयता के आनंद पर, 9. लहर और किनारे जैसी मैत्री, 10. प्रतिष्ठित शायर का बयान, 11. चाहने वाला, 12. बोलने की ताकत, 13. मधुर वाणी, 14. युद्ध की आग।

तस्वीरे-दर्द (चुने हुए अंश)

नहीं मिन्नतकशे-ताबे-शुनीदन[1] दास्ताँ मेरी,
ख़मोशी गुफ़्तगू है, बे-ज़बानी है ज़बाँ मेरी।
ये दस्तूरे-ज़बाँबंदी[2] है कैसा तेरी महफ़िल में,
यहाँ तो बात करने को तरसती है ज़बाँ मेरी!
उठाये कुछ वरक़[3] लाला ने, कुछ नर्गिस ने, कुछ गुल ने,
चमन में हर तरफ़ बिखरी हुई है दास्ताँ मेरी।
उड़ा ली क़ुमारियों[4] ने, तूतियों[5] ने, अंदलीबों[6] ने—
चमनवालों ने मिलकर लूट ली तर्ज़े-फ़ुग़ाँ[7] मेरी।
टपक ऐ शमूअ, आँसू बनके परवानों की आँखों से
सराण दर्द हूँ, हसरत भरी है दास्ताँ मेरी।
इलाही, फिर मज़ा क्या है यहाँ दुनिया में रहने का,
हयाते-जाविदाँ मेरी न मर्गे-नागहाँ मेरी।[8]
मेरा रोना नहीं, रोना है यह सारे गुलिस्ताँ का,
वो गुल हूँ मैं, ख़िज़ाँ हर गुल की है गोया ख़िज़ाँ मेरी।
"दरीं हसरत सरा उमरीस्त अफ़सूने-जरस दारम,
ज़ फ़ैज़े दिल तपीदन हा ख़रोशे बे-नफ़स दारम।"[9]
निशाने-बर्गे-गुल[10] तक न छोड़ा बाग़ में गुलचीं[11],

---

1. सुनी जा सकने काबिल, 2. ज़बान बंद रखने का दस्तूर, 3. पृष्ठ या पन्ने 4. सफ़ेद रंग की एक चिड़िया, 5. तोता, 6. बुलबुल, 7. दर्द-भरी पुकार की लय, 8. न मुझे अमरत्व देने वाली है, न एकाएक उठा लेने वाली, 9. बहुत देर से इस हसरत-भरी जगह पर घंटी-जैसा बैठा हूँ, लेकिन दिल में जो तपिश, है उसकी वजह से आवाज़ नहीं निकल पा रही, 10. फूल-पत्तियों के निशान, 11. माली।

तेरी क़िस्मत से रज़्म-आराइयाँ हैं[12] बाग़बानों में।
छुपाकर आस्तीं में बिजलियाँ रक्खी हैं गर्दूं[13] ने
अनादिल[14] बाग़ के ग़ाफ़िल न बैठें आशियानों में।
सुन ऐ ग़ाफ़िल, सदा मेरी, ये ऐसी चीज़ है जिसको
वज़ीफ़ा जानकर पढ़ते हैं तायर बोस्तानों में[15]।
वतन की फ़िक्र कर नादाँ, मुसीबत आने वाली है,
तेरी बर्बादियों के मश्विरे हैं आस्मानों में।
ज़रा देख उसको जो-कुछ हो रहा है, होने वाला है,
धरा क्या है भला, अहदे-कुहन[16] की दास्तानों में!
ये ख़ामोशी कहाँ तक! लज़्ज़ते-फ़रियाद पैदा कर—
ज़मीं पर तू हो, और तेरी सदा हो आस्मानों में।
न समझोगे तो मिट जाओगे ऐ हिंदोस्ताँ वालो,
तुम्हारी दास्ताँ तक भी न होगी दास्तानों में।
यही आईन-ए-कफ़द्रत[17] है, यही उस्लूबे-फ़ितरत[18] है,
जो है राहे-अमल में गामज़न[19] बहबूबे-फ़ितरत है।
हुवैदा[20] आज अपने ज़ख़्मे-पिन्हाँ[21] करके छोड़ूँगा।
लहू रो-रो के महफ़िल को गुलिस्ताँ करके छोड़ूँगा।
जलाना है मुझे हर शम्मे-दिल[22] को सोज़े-पिन्हाँ[23] से,
तेरी तारीक[24] रातों में चिराग़ाँ[25] करके छोड़ूँगा।
मगर ग़ुंचों की सूरत हूँ दिले-दर्द आश्ना पैदा,
चमन में मुश्ते-ख़ाक़[26] अपनी परेशाँ करके छोड़ूँगा।
पिरोना एक ही तस्बीह[27] में इन बिखरे दानों को
जो मुश्किल है, तो इस मुश्किल को आसाँ करके छोड़ूँगा।
मुझे ऐ हमनशीं[28], रहने दे शुग़्ले-सीनाकावी में[29]
कि मैं दाग़े-मुहब्बत को नुमायाँ[30] करके छोड़ूँगा।

---

12. झगड़ा-फ़साद, 13. आसमान, 14. बुलबुल, 15. बाग़ों में पंछी, 16. पुराना ज़माना, 17. सृष्टि का नियम-विधान, 18. स्वभाव की बुनियाद, 19. उम्मीद की राह पर चलने वाला, 20. खुलासा 21. भीतर के ज़ख़्म, 22. हृदय-दीप, 23. भीतरी आग, 24. अंधेरी, 25. दीवाली 26. मुट्ठी-भर मिट्टी, 27. माला, 28. दोस्त, 29. जी-तोड़ मिहनत करता रहने दे, 30. व्यक्त या खुलासा।

दिखा दूँगा जहाँ को जो मेरी आँखों ने देखा है—
तुझे ही सूरते-आईना हैराँ करके छोडूँगा।
जो है पर्दों में पिन्हाँ, चश्मे-बीना[31] देख लेती है,
ज़माने की तबीयत का तक़ाज़ा[32] देख लेती है।
किया रफ़अत की लज़्ज़त[33] से न दिल को आश्ना तूने,
गुज़ारी उम्र पस्ती में मिसाले-नक़्शे-पा[34] तूने।
रहा दिलबस्ता-ए-महफ़िल[35] मगर अपनी निगाहों को,
किया बेसने-महफ़िल[36] से न हैरत आश्ना तूने।
फ़िदा करता रहा दिल को हसीनों की अदाओं पर,
तअस्सुब[37] छोड़ नादाँ, दहर के आईनाख़ाने में,[38]
ये तस्वीरें हैं तेरी, जिनको समझा है बुरा तूने।
मुहब्बत के शरर[39] से दिल सराया नूर होता है,
ज़रा-से बीज से पैदा रियाज़े-तूर[40] होता है।
दवा हर दुख की है मजरूह तेग़े-आरज़ू[41] रहना,
इलाजे-ज़ख़्म है आज़ादे-अहसाने-रफ़ू[42] रहना।
शराबे-बेख़ुदी[43] से ता-फ़लक[44] परवाज़[45] है मेरी,
शिकस्ते-रंग[46] से सीखा है मैंने बनके बू[47] रहना।
थमे क्या दीद-ए-गिर्यां[48] वतन की नौहाख़्वानी[49] में,
इबादत चश्मे-शा'इर[50] की है हरदम बा-वज़ू[51] रहना।
बनायें क्या समझ कर शाख़े-गुल पर आशियाँ अपना
चमन में, आह, क्या रहना, जो हो बे-आबरु रहना।
न रह अपनों से बेपर्वा, इसी में ख़ैर है तेरी,
अगर मंज़ूर है दुनिया में ओ बेगाना ख़ू[52] रहना।

---

31. दृष्टा की आँख, 32. ज़रूरत, 33. उत्कर्ष का आनंद, 34. पैरों के निशानों की भाँति, 35. महफिल से संबद्ध, 36. बाहर, 37. मजहबी भेदभाव, 38. वक्त के शीशमहल में, 39. चिनगारी, 40. बग़ीचे, 41. उम्मीद की तलवार से ज़ख़्मी, 42. ज़ख़्म सीने के अहसान से मुक्त, 43. बेख़ुदी की शराब 44. आसमान तक, 45. उड़ान, 46. उड़ते हुए रंग, 47. गंध-सुगंध, 48. विलाप, 49. शोकगाना गाना, 50. कवि की दृष्टि की आराधना, 51. सजल या गीला, 52. खोया-खोया रहने का स्वभाव।

शराबे-रूह परवर[53] है मुहब्बत नौ-ए-इन्साँ[54] की,
सिखाया उसने मुझको मस्त बे-जामो-सुबू[55] रहना।
मुहब्बत ही से पाई है शिफ़ा[56] बीमार क़ौमों ने,
किया है अपने बख़्ते-ख़ुफ़्ता को बेदार[57] क़ौमों ने।
बयाबाने-मुहब्बत दश्ते-ग़ुर्बत भी वतन भी है,[58]
ये वीराना क़फ़स[59] भी, आशियाना भी, चमन भी है।
मुहब्बत ही वो मंज़िल है कि मंज़िल भी है सहरा[60] भी,
जरस[61] भी, कारवाँ भी, राहबर भी, राहज़न भी है।
मर्ज़ कहते हैं सब इसको, य' है लेकिन मर्ज़ ऐसा,
छुपा जिसमें इलाजे-गर्दिशे-चर्ख़े-कुहन[62] भी है।
जलाना दिल का है गोया सराया नूर हो जाना,
य' परवाना जो सोज़ाँ[63] हो, तो शम्-ए-अंजुमन[64] भी है।
वही इक हुस्न है, लेकिन नज़र आता है हर शै[65] में
य' शीरीं[66] भी है गोया, बे-सुतूँ[67] भी, कोहकन भी है।
उजाड़ा है तमीज़े-मिल्लतो-आईने-कौमों को,
मेरे अहले-वतन के दिल में कुछ फ़िक्रे-वतन भी है!
सुकूत आमोज़ तूले-दास्ताने-दर्द है[68], वर्ना
ज़बाँ भी है हमारे मुँह में और ताबे-सुख़न भी है।
''नमी गर दीद को ता रिश्ता-ए-मआनी रिहा करदम
हिकायत बूद बे पायाँ बख़ामोशी अदा करदम।''[69]

---

53. मन को ताकत देनेवाली शराब, 54. नया इंसान, 55. बिना प्याला और सुराही के, 56. इलाज, रोग से मुक्ति, 57. दुर्भाग्य को झँझोड़ कर जगाना, 58. मुहब्बत का जंगल परदेश भी है और देश भी, 59. पिंजड़ा, 60. जंगल, 61. घंटी, 62. दुर्भाग्य के खटराग का इलाज, 63. जलता हुआ भँवरा, 64. महफ़िल का चिराग, 65. चीज़, 66. लैला की भाँति, एक ईरानी प्रेमकथा में शीरीं का ज़िक्र आता है, 67. शीरीं को पाने के लिए उसके आशिक फ़रहाद ने इस पहाड़ को काटकर दूध का दरिया निकाला था, 68. दर्द की लम्बी दास्तान मौन धारण करने वाली है, 69. यह दर्दीली दास्तान बहुत लम्बी है, ख़त्म होने की ही नहीं आती, लिहाज़ा मैं चुप हो रहा हूँ और अपनी चुप्पी से ही, कोशिश करूँगा, कि इसे पूरा करूँ।

शिकवा (कुछ चुने हुए अंश)

है बजा[1] शेवा-ए-तस्लीम[2] में मशहूर हैं हम।
क़िस्सा-ए-दर्द सुनाते हैं कि मजबूर हैं हम।
साज़े-ख़ामोश[3] है, फ़रियाद से मामूर[4] हैं हम।
नाला[5] आता है अगर लब पे, तो माज़ूर[6] हैं हम।
ऐ ख़ुदा, शिकवा-ए-अरबाबे-वफ़ा[7] भी सुन ले!
.खूगरे-हम्द[8] से थोड़ा-सा गिला भी सुन ले!!
हमसे पहले था अजब तेरे जहाँ का मंज़र[9]।
कहीं मस्जूद[10] थे पत्थर, कहीं माबूद शजर[11]।
ख़ूगरे-पैकरे-महसूस[12] थी इन्साँ की नज़र।
मानता फिर कोई अनदेखे खुदा को क्योंकर?
तुझको मालूम है, लेता था कोई नाम तेरा?
क़ुव्वते-बाजु-ए-मुस्लिम[13] ने किया काम तेरा।।
बस रहे थे यहीं सलजूक[14] भी तूरानी[15] भी।
अहले-चीं चीन में, ईरान में सासानी[16] भी।
इसी मामूरे[17] में आबाद थे यूनानी भी।
इसी दुनिया में यहूदी भी थे, नसरानी भी।
पर तेरे नाम पे' तलवार उठाई किसने?
बात जो बिगड़ी हुई थी, वो बनाई किसने?
थे हमीं एक तेरे मार्का-आराओं[18] में।

---

1. सही, 2. ईश्वर-भक्ति, 3. ख़ामोशी का साज़, 4. भरे हुए, 5. आर्तनाद या पुकार 6. विवश, 7. वफ़ादार लोगों की शिकायत, 8. ईश्वर की स्तुति करने वाले, 9. वातावरण, 10. पूजे जाते थे, 11. दरख़्तों की पूजा, 12. ईश्वर को साकार देखने की आदी, 13. मुसलमानों की बाजुओं की ताकत, 14.15.16. विभिन्न जातियों के नाम, 17. दुनिया, 18. लड़ाकू।

ख़ुश्कियों[19] में कभी लड़ते, कभी दरियाओं में।
दी अज़ानें कभी यूरोप के कलीसाओं[20] में।
कभी अफ़्रीका के तपते हुए सहराओं में।
शान आँखों में न जमती थी जहाँदारों की।
कलमा पढ़ते थे हम छाँव में तलवारों की।
टल न सकते थे अगर जंग में अड़ जाते थे।
पाँव शेरों के भी मैदाँ में उखड़ जाते थे।
तुझसे सरकश हुआ कोई तो बिगड़ जाते थे।
तेग़ क्या चीज़ है! हम तोप से लड़ जाते थे।
नक़्श तौहीद[21] का हर दिल में बिठाया हमने।
ज़ेरे-ख़ंजर[22] भी वे पैग़ाम सुनाया हमने।।
आ गया ऐन लड़ाई में अगर वक़्ते-नमाज़।
क़िब्ला-रू होके ज़मीं-बोस हुई क़ौमे-हिजाज़।[23]
एक ही सफ़[24] में खड़े हो गये महमूद-ओ-अयाज़[25]।
न कोई बंदा रहा और न कोई बंदानवाज़।
बंदा-ओ-साहिब-ओ-मोहताज-ओ-ग़नी एक हुए।
तेरी सरकार में पहुँचे, तो सभी एक हुए।।
सफ़ा-ए-दहर[26] से बातिल[27] को मिटाया हमने।
नौ-ए-इन्साँ[28] को गफ़लामी से छुड़ाया हमने।
तेरे काबे को जबीनों[29] से बसाया हमने।
तेरे क़ुरआन को सीने से लगाया हमने।
फिर भी हमसे ये गिला है कि वफ़ादार नहीं!
हम वफ़ादार नहीं, तू भी तो दिलदार नहीं!!!
उम्मतें[30] और भी हैं, उनमें गुनहगार भी हैं।
इज्ज़[31] वाले भी हैं, मस्ते-मये-पिंदार[32] भी हैं।

---

19. बंजरों, 20. गिरजाघरों, 21. ख़ुदा एक है, 22. तलवार के साये में, 23. हिजाज़ी क़ौम काबे की ओर मुँह करके और ज़मीन से लगकर नमाज़ अदा करने लगी, 24. क़तार, 25. बादशाह और गुलाम (अर्थात् छोटे-बड़े सभी) 26. इतिहास के पृष्ठ, 27. मिथ्यावादी, 28. मानव जाति, 29. नमाज के वक्त झुके मस्तक, 30. फिरके या संप्रदाय, 31. मधुर भाषी, 32. घमंड में चूर।

उनमें काहिल भी हैं, ग़ाफ़िल भी हैं, हुशियार भी हैं।
सैकड़ों हैं कि तेरे नाम से बेज़ार भी हैं।
रहमतें हैं तेरी अग़ियार[33] के काशानों[34] पर!
बर्क़ गिरती है तो बेचारे मुसलमानों पर!!
यह शिकायत नहीं, हैं उनके ख़ज़ाने मामूर[35]।
नहीं महफ़िल में जिन्हें बात भी करने का शऊर।
क़हर तो यह है कि काफ़िर[36] को मिलें हूरो-क़सूर[37]।
और बेचारे मुसल्माँ को फ़क़त वादा-ए-हूर[38]।
अब वो अल्ताफ़[39] नहीं, हम पे इनायात[40] नहीं!
बात यह क्या है कि पहली-सी मदारात[41] नहीं!!
तेरी महफ़िल भी गई, चाहने वाले भी गये।
शब की आहें भी गईं, सुबह के नाले भी गये।
दिल तुझे दे भी गये, अपना सिला[42] ले भी गये।
आके बैठे भी न थे और निकाले भी गये।
आये उश्शाफ़[43] गये वादा-ए-फ़र्दा[44] लेकर।
अब उन्हें ढूँढ चिराग़े-रूखे-ज़ेबा[45] लेकर!!

33. बेगाने लोग, 34. महल, 35. भरे-पूरे, 36. ख़ुदा द्वारा दी गई नेमतों के प्रति कृतघ्न, 37. परियाँ और महल, 38. परियों के वादे, 39.40. कृपा-दृष्टि 41. स्वागत-सत्कार, 42 ईनाम, 43. आशिक़ बन कर, 44. कल का आश्वासन, 45. ख़ूबसूरत चेहरे की रौशनी।

ज़माना

जो था नहीं है, जो है न होगा, यही है एक हर्फ़े-मुज्रिमाना[1]।
क़रीबतर है नमूद[2] जिसकी उसी का मुश्ताक़[3] है ज़माना।
मेरी सुराही से क़तरा-क़तरा नये हवादिस[4] टपक रहे हैं।
मैं अपनी तस्वीहे-रोज़ो-शब[5] का शुमार करता हूँ दाना-दाना।।
हरेक से आश्ना[6] हूँ लेकिन जुदा-जुदा रस्मो-राह मेरी।
किसी का राकिब[7], किसी का मुर्किब[8], किसी को इबरत का ताज़ियाना[9]।
न था अगर तू शरीके-महफ़िल, क़ुसूर मेरा है या कि तेरा!
मेरा तरीक़ा नहीं कि रख लूँ किसी की ख़ातिर मये-शबाना[10]।।
हवायें उनकी, फ़ज़ाएँ उनकी, समंदर उनके, जहाज़ उनके,
गिरह भँवर की खुले तो क्योंकर, भँवर है तक़दीर का बहाना।।
जहाने-नौ[11] हो रहा है पैदा, वो आलमे-पीर[12] मर रहा है,
जिसे फ़िरंगी मुक़ामिरों[13] ने बना दिया है क़मारख़ाना[14]।।
हवा है गो तेज़-ओ-तुंद, लेकिन चिराग़ अपना जला रहा है।
वो मर्दे-दरवेश[15] जिसको हक़[16] ने किये हैं अंदाज़े-ख़ुसुआना[17]।।

---

1. आपराधिक शब्द, 2. जन्म, 3. उत्सुक, 4. हादसे, 5. दिन-रात रूपी सुमिरनी, 6. परिचित, 7. सवार, 8. सवारी, 9. कोड़ा या चाबुक, 10. रात की शराब, 11. नया ज़माना, 12. बूढ़ा या पुराना ज़माना, 13. पथ प्रदर्शक, 14. ख़ुदा, 15. बादशाहों के जैसे अंदाज़।

एक आरज़ू

दुनिया की महफ़िलों से उकता गया हूँ या रब[1],
क्या लुत्फ़ अंजुमन[2] का जब दिल ही बुझ गया हो!
शोरिश[3] से भागता हूँ, दिल ढूँढता है मेरा–
ऐसा सुकूत[4] जिस पर तक़रीर[5] भी फ़िदा हो।
मरता हूँ ख़ामुशी पर, ये आरज़ू है मेरी–
दामन में कोह[6] के इक छोटा-सा झोपड़ा हो।
आज़ाद फ़िक्र से हूँ, उपवल[7] में दिन गुज़ारूँ,
दुनिया के ग़म का दिल से काँटा निकल गया हो।
लज़्ज़त सुरूद[8] की हो चिड़ियों के चहचहों में,
चश्मों की शोरिशों में[9] बाजा-सा बज रहा हो।
पत्तों का हो नज़ारा मेरी फिताब ख़ानी
दफ़्तर हो मार्फ़त का जो गुल खिला हुआ हो।
गुल की कली चटक कर पैग़ाम दे किसी का,
साग़र[10] ज़रा-सा गोया मुझको जहाँनुमा[11] हो।
हो हाथ का सिरहाना, सब्ज़ा[12] का ही बिछौना,
शरमायें जिससे जलवत[13], ख़ल्वत[14] में वह अदा हो।
मानूस[15] इस क़दर हो सूरत से मेरी बुलबुल–
नन्हें-से दिल में उसके खटका न कुछ गिरा हो।
सफ़[16] बाँधे दोनों जानिब बूटे हरे-हरे हों,
नद्दी का साफ़ पानी तस्वीर ले रहा हो।
हो दिलफ़रेब ऐसा कोहसार[17] का नज़ारा,

1. हे ईश्वर, 2. महफ़िल, 3. शोर-शराबा, 4. शांति, 5. बातूनीपन या भाषण बाज़ी, 6. पहाड़, 7. एकांत, 8. गाना या राग, 9. पानी के सोते की कल-कल, 10. प्याला, 11. दुनिया-जहान जैसा, 12. घास, 13. भीड़भाड़ या चहल-पहल 14. एकांत, 15. हिली हुई, 16. क़तार, 17. पर्वतमाला।

पानी भी मौज बनकर उठ-उठ के देखता हो।
आग़ोश में ज़मीं की सोया हुआ हो सब्ज़ा,
फिर-फिर के झाड़ियों में पानी चमक रहा हो।
पानी को छू रही हो झुक-झुक के गुल की टहनी
जैसे हसीन कोई आईना देखता हो।
मेंहदी लगाये सूरज जब शाम की दुल्हन को,
सुर्ख़ी लिये सुनहरी हर फूल की क़बा[18] हो।
यों वादियों में ठहरे आकर शफ़क़ की सुर्ख़ी,
जैसे किसी गली में कोई शकिस्ता-पा हो।
पच्छिम को जा रहा हो कुछ इस अदा से सूरज
जैसे कोई किसी के दामन को खींचता हो।
रातों को चलने वाले रह जायें थक के जिस दम
उम्मीद उनकी मेरा टूटा हुआ दिया हो।
बिजली चमक के उनको कुटिया मेरी दिखा दे,
जब आस्माँ पे' हर सू[19] बादल घिरा हुआ हो।
पिछले पहर की कोयल, वह सुबह की मुअज़्ज़िन[20],
मैं उसका हमनवा[21] हूँ वो मेरी हमनया हो।
कानों पे' हो न मेरे दैरो-हरम[22] का एहसाँ,
रोज़न[23] ही झोपड़े का मुझको सहर नुमा[24] हो।
ज़ुल्मत झलक रही हो इस तरह चाँदनी में,
जूँ आँख में सहर की सुर्मा लगा हुआ हो।
फूलों को आये जिस दम शबनम वज़ू[25] कराने,
रोना मेरा वज़ू हो, नाला मेरी दुआ हो।
दिल खोलकर बहाऊँ अपने वतन पे' आँसू,
सरसब्ज़ जिसके नाम से बूटा उम्मीद का हो।
उस ख़ामुशी में जायें इतने बुलन्द नाले,
तारों के क़ाफ़िले को मेरी सदा दरा[26] हो।
हर दर्दमंद दिल को रोना मेरा रुला दे,
बेहोश जो पड़े हैं शायद उन्हें जगा दे।

---

18. चोला, 19. तरफ़ या ओर, 20. अजान देनेवाली, 21. मित्र, 22. मंदिर-मस्जिद, 23. छिद्र या सूराख़, 24. सुबह जैसा, 25. हाथ-मुँह धुलाने, 26. घंटा-घड़ियाल

शबनम और सितारे

एक रात यह कहने लगे शबनम से सितारे :
हर सुबह नये तुझको मयस्सर[1] हैं नज़ारे।
क्या जानिये तू कितने जहाँ देख चुकी है,
जो बनके मिटे उनके निशाँ देख चुकी है।
ज़ुहरा[2] ने सुनी है य' ख़बर एक मलक[3] से—
इंसानों की बस्ती है बहुत दूर फ़लक[4] से।
कह हमसे भी उस क़िश्वरे-दिलकश[5] का फ़साना
गाता है क़मर[6] जिसकी मुहब्बत का तराना।
ऐ तारो, न पूछो चमनिस्ताने-जहाँ[7] की,
गुलशन नहीं, इक बस्ती है वो आहो-फ़ुगाँ[8] की।
आती है सबा[9] वाँ से पलट जाने के ख़ातिर,
बेचारी कली-खिलती है मुर्झाने की ख़ातिर।
क्या तुमसे कहूँ, क्या चमन-अफ़रोज़[10] कली है,
नन्हा-सा कोई शोला, बे-सोज़ कली है।
गुल नाला-ए-बुलबुल की सदा सुन नहीं सकता,
दामन से मेरे मोतियों को चुन नहीं सकता।
हैं मुर्ग़े-नवारेज़[11] गिरफ़्तार ग़ज़ब है,
उगते हैं तहे-साया-ए-गुल ख़ार[12] ग़ज़ब है।
रहती है सदा नर्गिसे-बीमार की तर आँख,

1. सुलभ, 2. एक विशेष तारा, 3. फ़रिश्ता, 4. आसमान, 5. मनोहर देश, 6. चाँद, 7. दुनिया का चमन, 8. आर्तनाद, 9. हवा, 10. बाग़ को रोशन करने वाली, 11. गाने वाले पक्षी, 12. फूलों की छाँव वाली जमीन पर काँटे उगते हैं।

दिल तालिबे -नज़्ज़ारा[13] हैं महरूम नज़र आँख।
दिल सोख्ता-ए-गर्मी-ए-फ़र्याद है शम्शाद[14],
ज़िंदानी[15] है और नाम को आज़ाद है शम्शाद।
तारे शरर-ए-आह[16] हैं इन्साँ की ज़बाँ में,
मैं गिर्या-ए-गर्दूं[17] हूँ गुलिस्ताँ की ज़बाँ में।
नादानी है ये गिर्दे-ज़मीं-तवाफ़[18] क़मर का,
समझा है कि दरमाँ[19] वहाँ पे दाग़े-जिगर का।
बुनियाद है काशाना-ए-आलम की हवा पर,
फ़र्याद की तस्वीर है क़िर्ता से-फ़ज़ा[20] पर।

---

13. नज़ारा देखने को उत्सुक, 14. दिल सरू के सुतवाँ दरख़्त की फरियाद से जला हुआ है, 15. क़ैदख़ांना, 16. आह की चिनगारी, 17. आकाश का रूदन, 18. जमीन के चारों ओर का घेरा, 19. इलाज, 20. जले हुए कागज पर।

हमदर्दी

टहनी पे' किसी शज़र[1] की तन्हा
बुलबुल था कोई उदास बैठा,
कहता था कि रात सिर पे' आई,
उड़ने-चुगने में दिन गुज़ारा,
पहुँचूँ किस तरह आशियाने[2]
हर चीज़ पे' छा गया अँधेरा!
सुनकर बुलबुल की आहो-ज़ारी[3]
जुगनू कोई पास ही से बोला—
हाज़िर हूँ मदद को जानो-दिल से,
कीड़ा हूँ अगरचे[4] मैं ज़रा-सा।
क्या ग़म है जो रात है अँधेरी,
मैं राह में रोशनी करूँगा।
अल्लाह ने दी है मुझको मश्अल[5],
चमका के मुझको दीया बनाया,
हैं लोग दुनिया में वो ही अच्छे—
आते हैं जो काम दूसरों के।

1. दरख़्त, 2. डेरा या घोंसला, 3. परेशान आवाज़ें, 4. हालाँकि, 5. मशाल।

कली

जब दिखाती है सहर आरिज़े-रंगीं[1] अपना,
खोल देती है कली सीना-ए-ज़रीं[2] अपना।
जल्वा-ए-शाम है यह, सुबह के मयख़ाने में,
ज़िंदगी उसकी है ख़ुर्शीद[3] के पैमाने में।
सामने मिहर[4] के दिल चीर कर रख देती है,
किस क़दर सीना-शिशाफ़ी[5] के मज़े लेती है।
मेरे ख़ुर्शीद, कभी तू भी उठा अपनी नक़ाब,
बहरे नज़्ज़ारा तड़पती है निगाहे-बेताब।
तेरे जल्वे का नशेमन हो मेरे सीने में,
अक्स आबाद हो तेरा मेरे आईने में।
ज़िंदगी हो तेरा नज़्ज़ारा मेरे दिल के लिए,
रोशनी हो तेरी शहवारा मेरे दिल के लिए।
ज़र्रा-ज़र्रा हो मेरा फिर तरब-अंदोज़े-हयात[6],
हो अयाँ जौहरे-अंदेशा में फिर सोज़े-हयात।
अपने ख़ुर्शीद का नज़्ज़ारा करूँ दूर से मैं,
सिफ़ते-ग़ुंचा[7] हम आग़ोश रहूँ नूर से मैं।
जाने-मुज़तर[8] को हक़ीक़त को नुमाया कर दूँ।
दिल के पोशीदा ख़्यालों को भी उरयाँ[9] कर दूँ।

1. रंगीन कपोल, 2. सुनहरा सीना, 3. सूरज, 4. प्रेमी, 5. दिल को चाक करता, 6. दुनिया के नज़्ज़ारे से आनंदित, 7. कली की भाँति, 8. व्याकुल आत्मा, 9. उद्घाटित।

फूल

तुझे क्यों फ़िक्र है, ऐ गुल, दिले-सद चाके-बुलबल[1] की,
तू अपने पैरहन[2] के चाक तो पहले रफ़ू कर ले!
तमन्ना आबरू की हो अगर गुलज़ारे-हस्ती में,
तो काँटों में उलझ कर ज़िंदगी करने की ख़ू[3] कर ले।
सनोबर[4] बाग़ में आज़ाद भी है पाबगिल[5] भी है,
इन्हीं पाबंदियों में हासिल आज़ादी को तू कर ले।
तुनुकबख़्शी[6] को इस्तिग़ना[7] से पैग़ामे-ख़जालत दे[8]
न रह मिन्नतकशे-शबनम[9], निगूँ जामो-सुबू[10] कर ले।
नहीं ये शाने-ख़ुद्दारी चमन से तोड़कर तुझको,
कोई दस्तार[11] में रख ले, कोई ज़ेबे-गुलू[12] कर ले।
चमन में ग़ुंचा-ए-गुल से य' कहकर उड़ गई शबनम
मज़ाक़े-जौरे गुलचीं[13] हो, तो पैदा रंगो-बू कर ले।
अगर मंज़ूर हो तुझको ख़िजाँ नाआश्ना[14] रहना
जहानें-रंगो-बू से पहले क़तअ-आरज़ू[15] कर ले।
इसी में, देख, मुज़्मर[16] है कमाले-ज़िंदगी तेरा,
जो तुझको ज़ीनते-दामन[17] कोई आईना-रू[18] कर ले।

---

1. बुलबुल के सीने के सौ ज़ख़्म, 2. लिबास, 3. आदत, स्वभाव, 4. चीड़ का दरख़्त, 5. मिट्टी में जड़ें, 6. बहुत कम मात्रा में कुछ दिया जाना, 7. अनिच्छा, 8. शर्मिंदगी का अहसास कराना, 9. शबनम या ओस का प्रार्थी, 10. प्याला और घड़ा को औंधा करके या उलट दे, 11. पगड़ी, 12. हार में पिरोकर गले में पहन ले, 13. माली की ज़्यादतियों का जुल्फ़ लेना हो, 14. पतझड़ से दूर, 15. अभिलाषाओं से मुक्ति पा ले, 16. निहित, छिपा हुआ, 17. शारीरिक सौंदर्य, 18. सजा ले या अपना शृंगार कर ले।

फूलों की शहज़ादी

कली से कह रही थी एक दिन शबनम गुलिस्ताँ में
रही मैं एक मुद्दत गुंचा-हाए-बाग़े-रिज़वाँ[1] में।
तुम्हारे गुलसिताँ की कैफ़ियत[2] सरशार[3] है ऐसी
निगह फ़िर्दौस दर दामन है मेरी चश्मे-हैराँ में।[4]
सुना है कोई शहज़ादी है हाकिम इस गुलिस्ताँ की
कि जिसके नक़्शे-पा से फूल हो पैदा बयाबाँ में।
कभी साथ अपने उसके आस्ताँ[5] तक मुझको तू ले चल!
छुपाकर अपने दामन में ब-रंगे मौजे-बू[6] ले चल!!
कली बोली, सरीर आरा[7] हमारी है वो शहज़ादी,
दरख़्शाँ[8] जिसकी ठोकर से हों पत्थर भी नगीं बन कर।
मगर फ़ितरत[9] तेरी उफ़्तंदा[10] और बेगम की शान ऊँची,
नहीं मुमकिन कि तू पहुँचे हमारी हमनशीं बनकर।
पहुँच सकती है तू लेकिन हमारी शाहज़ादी तक
किसी दुख-दर्द के मारे का अश्के-आतिशीं[11] बन कर।
नज़र उसकी पयामे-ईद[12] हैं अहले-महरम[13] की।
बना देती है गौहर[14] ग़मज़दों के अश्के-पैहम[15] को।।

---

1. देवताओं के राजा के बाग़ में कलियों के बीच, 2. पहचान या परिचय, 3. उमड़ता हुआ, 4. मेरी विस्मित दृष्टि स्वर्गलोक तक की दूरी नाप रही है, 5. ठिकाने, 6. खुश्बू के झोंके की शक़्ल में, 7. शासिका, शासन करने वाली, 8. चमक उठें, 9. हैसियत, 10. नीची, 11. पवित्र आँसू, 12. ईद का संदेश, 13. मित्रगण, 14. मोती, 15. लगातार गिरते आँसुओं को।

लाला-ए-सहरा

यह गुंबदे-मीनाई[1], यह आलमे-तनहाई।
मुझको तो डराती है इस दश्त[2] की पहनाई[3]।।
भटका हुआ राही मैं, भटका हुआ राही तू,
मंज़िल है कहाँ तेरी, ऐ लाला-ए-सहराई[4]!!
तू शाख़ से क्यों फूटा, मैं शाख़ से क्यों टूटा,
इक जज्बा-ए-पैदाई[5], इक लज़्ज़ते-यकताई[6]।।
उस मौज के मातम में रोती है भँवर की आँख,
दरिया से उठी लेकिन साहिल से न टकराई।।
है गर्मी-ए-आदम[7] से हंगामा-ए-आलम[8] गर्म
सूरज भी तमाशाई, तारे भी तमाशाई।।

1. आकाश का गुंबद, 2. रेगिस्तान, 3. विस्तार, 4. रेगिस्तान में खिला फूल, 5. पैदा होने का हौसला, 6. अनूठेपन का आनंद, 7. इंसानी गर्मी, 8. सांसारिक हलचल

हक़ीक़ते-हुस्न

ख़ुदा से हुस्न ने इक रोज़ यह सवाल किया—
जहाँ में क्यों न मुझे तूने लाज़वाल[1] किया?
मिला जवाब कि तस्वीरख़ाना है दुनिया।
शबे-दराज़ अदम[2] का फ़साना है दुनिया।।
हुई है रंगे-तग़य्युर[3] से जब नमूद[4] इसकी।
वही हसीं है हक़ीकत ज़वाल[5] है जिसकी।।
कहीं क़रीब था, ये गुफ़्तगू कमर[6] ने सुनी।
फ़लक[7] पे आम हुई अख़्तरे-सहर[8] ने सुनी।।
सहर ने तारे से सुनकर सुनाई शबनम को।
फ़लक की बात बता दी ज़मीं के महरम[9] को।।
फिर आये फूल के आँसू पयामे-शबनम से।
कली का नन्हा-सा दिल ख़ून हो गया ग़म से।।
चमन से रोता हुआ मौसमे-बहार गया।
शबाब[10] सैर को आया था, सोगयार[11] गया।।

---

1. अमर, 2. मृत्यु की लम्बी रात, 3. बदलने वाले रंग, 4. उत्पत्ति, 5. नाशवान, 6. चाँद, 7. आसमान, 8. भोर का तारा, 9. धरती पर के भेद जानने वाले को, 10. जवानी, 11. दुखित।

गदाई[1]

मैक़दे में एक दिन इक रिंदे-जीरफ[2] ने कहा,
है हमारे शहर का वाली[3] गदा-ए-बेहया[4]।
ताज पहनाया है किसकी बेकुलाही[5] ने उसे,
किसकी उरियानी[6] ने बख़्शी है इसे ज़र्रीक़बा[7]?
उसके आबे-लालागूँ[8] की ख़ूने-दहक़ाँ[9] से कशीद[10]
तेरे-मेरे खेत की मिट्टी है उसकी कीमिया।
उसके नेमत ख़ाने[11] की हर चीज़ है माँगी हुई,
देने वाला कौन है? मर्दे-ग़रीबो-बेनवा[12]।
माँगने वाला गदा है, सदक़ा[13] माँगे या ख़िराज[14]
कोई माने या न माने, मीरो-सुल्तां सब गदा।

1. मँगतागीरी या भीख माँगने की आदत, 2. पढ़े-लिखे पियक्कड़, 3. हाकिम, 4. बेशर्म भिखमंगा, 5. गरीबी, 6. बे-लिबास जिस्म, 7. जरी की पोशाक, 8. लाल शराब, 9. किसानों के ख़ून, 10. खिंची हुई, 11. क़ीमती वस्तुओं के भंडार, 12. गरीब-बेसहारा लोग, 13. ख़ैरात, 14. चुंगी या टैक्स।

फ़ल्सफ़ा-ए-ख़ुदी[1]

ख़ुदी की मौत से हिंदी शिकस्ता[2] बालो-पर[3]
क़फ़स[4] हुआ है हलाल और आशियाना[5] हराम।
सुना है मैंने गुलामी से उम्मतों[6] की नजात[7]
ख़ुदी की परवरिशी-लज़्ज़ते-नुमूद[8] में है।
मौजे-नफ़स[9] क्या है? तलवार है
खुदी क्या है? तलवार की धार है।
ख़ुदी क्या है? राज़े-दुरूने-हयात[10]
ख़ुदी क्या है? बेदारी-ए-कायनात[11]।
ख़ुदी की बहर[12] है जिसका कोई किनारा नहीं,
तू आबे-ज़ू[13] अगर समझा इसे तो चारा नहीं
ख़ुदी में गुम है ख़ुदाई, तलाश कर ग़ाफ़िल,
यही है तेरे लिए अब सलाहकार की राह।
बेज़ौक़े-नुमूद[14] ज़िंदगी मौत
तामीरे-ख़ुद[15] में है ख़ुदाई।

1. आत्मा का दर्शन, 2. टूटे हुए या छिन्न-भिन्न, 3. प्राण और पंख, 4. पिंजड़ा, 5. घोंसला, 6. आस्थावान समुदाय, 7. मुक्ति, 8. प्रकट होने या अस्तित्व धारण करने, 9. साँस का झोंका, 10. जीवन की आत्मा का रहस्य, 11. सृष्टि की जाग्रत अवस्था, 12. सागर, 13. नदी का जल, 14. अस्तित्व या अपने होने के प्रति उदासीन, 15. अपने स्व के विकास।

फ़ल्सफ़ा-ए-ग़म

एक भी पत्ती अगर कम हो तो वो गुल ही नहीं।
जो ख़िज़ाँ-नादीदा हो बुलबुल वो बुलबुल ही नहीं।।
आरज़ू के ख़ून से रंगीं है दिल की दास्ताँ।
नग्मा-ए-इंसानियत कामिल नहीं ग़ैर-अज़-फ़ुग़ाँ।।
ग़म जवानी को जगा देता है लुत्फ़े-ख़्वाब से।
साज़ यह बेदार होता है इसी मिज़राब से।।

× × × × ×

शाम जिसकी आश्ना-ए-नाला-ए-यारब नहीं,
जल्वा-पैरा जिसकी शब में अश्क के कोकब नहीं,
हाथ जिस गुलचीं का है महफ़ूज़ नोके-ख़ार से,
इश्क़ जिसका बेख़बर है हिज्र के आज़ार से,
कुल्फ़ते-ग़म गर्चे उसके रोज़ो-शब से दूर है।
ज़िंदगी का राज़ उसकी आँख से मस्तूर है।।
रुख़्सते-महबूब का मक़्सद फ़ना होता अगर,
जोशे-उल्फ़त भी दिले-आशिक़ से कर जाता सफ़र।।
इश्क़ कुछ महबूब के मरने से मर जाता नहीं।
रूह में ग़म बनके रहता है मगर जाता नहीं।।

× × × × ×

आती है नद्दी जबीने-कोह से गाती हुई।
आस्माँ के तायरों को नग्मा सिखलाती हुई।।
आईना रौशन है उसकी सूरते-रुख़्सारे-हूर।
गिरके वादी की चटानों पर यह हो जाता है चूर।।
नहर जो थी उसके गौहर प्यारे-प्यारे बन गये।

यानी इस उफ़्ताद से पानी के तारे बन गये।।
जू-ए-सीमाबे-खाँ फटकर परेशाँ हो गई।
मुज़्तरिब बूँदों की इक दुनिया नुमायाँ हो गई।
मस्ती-ए-आलम में मिलने को जुदा होते हैं हम।
आर्ज़ी फ़ुर्क़त की दायम जान कर रोते हैं हम।।
मरने वाले मरते हैं लेकिन फ़ना होते नहीं।
ये हक़ीक़त में कभी हमसे जुदा होते नहीं।।
अक़्ल जिस दम दहर की आफ़ात में महसूर हो,
या जवानी की अँधेरी रात में मस्तूर हो,
ख़िज़्रे-हिम्मत हो गया हो आरज़ू से गोशागीर,
फ़िक्र जब आजिज़ हो और ख़ामोश आवाज़े-ज़मीर,
वादी-ए-हस्ती में कोई हमसफ़र तक भी न हो,
जादह दिखलाने को जुगनू का शरर तक भी न हो—
मरने वाले की जबीं रौशन है इस ज़ुल्मात में।
जिस तरह तारे चमकते हैं अँधेरी रात में।।

साक़ी

नशा पिला के गिराना तो सबको आता है,
मज़ा तो जब है कि गिरतों को थाम ले साक़ी।
जो बादाकश थे पुराने वो उठते जाते हैं
कहीं से आबे-बक़ाए-दवाम ले साक़ी।
कटी है रात तो हंगामा-गुस्तरीं में तेरी,
सहर क़रीब है अल्लाह का नाम ले साक़ी।

ग़ज़लें-रुबाइयाँ-क़त्अे

1

सितारों से आगे जहाँ और भी हैं
अभी इश्क़ के इम्तिहाँ और भी हैं

तही[1] ज़िंदगी से नहीं ये फ़ज़ाएँ
यहाँ सैकड़ों कारवाँ और भी हैं

क़नाअत[2] न कर आलमे-रंगो-बूपर
चमन और भी आशियाँ और भी हैं

अगर खो गया इक नशेमन तो क्या ग़म
मक़ामाते-आहो-फ़ुग़ाँ[3] और भी हैं

तू शाहीं[4] है पर्वाज़[5] है काम तेरा
तिरे सामने आस्माँ और भी हैं

इसी रोज़ो-शब में उलझकर न रह जा
कि तेरे ज़मानों-मक़ाँ और भी हैं

गये दिन कि तन्हा था मैं अंजुमन में
यहाँ अब मिरे राज़दाँ और भी हैं।

---

1. विरक्त, 2. थोड़े पर संतुष्ट, 3. आह और दुहाई, 4. शाहीन या बाज़, 5. उड़ना।

2

गुलज़ारे-हस्ती-बूद न बेगानावार देख[1]
है देखने की चीज़, इसे बार-बार देख

आया है तू जहाँ में मिसाले-शरार[2] देख
दम दे न जाए हस्ती-ए-नापायादार[3] देख

माना कि तेरी दीद[4] के क़ाबिल नहीं हूँ मैं
तू मेरा शौक़ देख, मेरा इंतिज़ार देख

1. जीवन के बग़ीचे को उदासीन नज़र से न देख, 2. चिंगारी की भाँति, 3. नाशवान जीवन, 4. देखने।

3

तिरे इश्क़ की इंतहा चाहता हूँ
मिरी सादगी देख, क्या चाहता हूँ

सितम हो कि हो वादा-ए-बेहिजाबी[1]
कोई बात सब्र-आज़मा[2] चाहता हूँ

वे जन्नत मुबारक रहे ज़ाहिदों[3] को
कि मैं आपका सामना चाहता हूँ

कोई दम का मेहमाँ हूँ ऐ अहले-महफ़िल
चिराग़े-सहर हूँ बुझा चाहता हूँ

भरी बज़्म में राज़ की बात कह दी
बड़ा बे-अदब हूँ सजा चाहता हूँ

1. पर्दादारी हटाने का वादा, 2. धैर्य की परीक्षा लेने वाली; 3. संयम से रहने वालों को।

4

मजनूँ ने शहर छोड़ा तो सहरा[1] भी छोड़ दे
नज़्ज़ारे की हवस है तो लैला भी छोड़ दे

वाइज़[2], कमाले-तर्क[3] से मिलती है याँ मुराद
दुनिया जो छोड़ दी है तो उक़बा[4] भी छोड़ दे

तक़लीद की रविश[5] से तो बेहतर है ख़ुदकुशी
रस्ता भी ढूँढ, रिवाज़[6] का सौदा भी छोड़ दे

है आशिक़ी में रस्म अलग सबसे बैठना
बुतख़ाना भी, हरम भी, कलीसा भी छोड़ दे

सौदागरी नहीं, यह इबादत ख़ुदा की है
ऐ बेख़बर, जज़ा[7] की तमन्ना भी छोड़ दे

अच्छा है दिल के साथ रहे पासबाने-अक़्ल[8]
लेकिन कभी-कभी इसे तन्हा भी छोड़ दे

1. वीराना, 2. धर्मोपदेश, 3. पूर्ण त्याग, 4. परलोक, 5. अनुकरण-पद्धति, 6. राह दिखाने वाला, 7. बदले में कुछ पाना, 8. अक़्ल रूपी पहरेदार।

5

कभी, ऐ हक़ीक़ते-मुंतज़र[1], नज़र आ लिबासे-मजाज़[2] में
कि हज़ारों सिज्दे[3] तड़प रहे हैं मेरी जबीने-नियाज़[4] में

तरब[5] आश्ना-ए-ख़रोश[6] हो, तू नवा-ए-महरमे गोश[7] हो
वो सुरूद[8] क्या कि छिपा हुआ हो सुकूते-पर्दा-ए-साज़[9] में

तू बचा-बचा के न रख इसे, तेरा आईना है वो आईना
कि शिकस्ता[10] हो तो अज़ीज़तर[11] है निगाहे-आईनासाज़[12] में

दमे-तवाफ़[13] किरमके-शम्मअ[14] ने य' कहा कि वो असरे-कुहन[15]
न तेरी हिकायते-सोज़[16] में, न मेरी हदीसे-गुदाज़[17] में

न कहीं जहाँ में अमाँ[18] मिली, जो अमाँ मिली तो कहाँ मिली
मेरे जुर्मे-ख़ाना ख़राब को, तेरे अफ़्वे-बंदानवाज़[19]

न वो इश्क़ में रहीं गर्मियाँ, न वो हुस्न में रहीं शोख़ियाँ
न वो ग़ज़नवी में तड़प रही, न वो ख़म[20] है जफ़ल्फ़े-अयाज़[21] में

जो मैं सर-ब-सिज़दा हुआ कभी, तो ज़मीं से आने लगी सदा
तेरा दिल तो है सनम-आश्ना, तुझे क्या मिलेगा नमाज़ में

---

1. जिसका इंतज़ार किया जा रहा हो, 2. सांसारिक लिबास, 3. प्रार्थनाएँ, 4. आराधक के मस्तक में, 5. आनंद, 6. कोलाहल में फँसे लोगों के लिए, 7. ज्ञानवान लोगों के कानों की स्वरलहरी, 8. संगीत, 9. वाद्य के पर्दे के मौन, 10. टूट जाये, 11. ज़्यादा प्रिय, 12. आईनासाज़ की नज़रों में, 13. परिक्रमा के समय, 14. नन्हीं सी आरती या चिराग़, 15. पहले वाला प्रभाव, 16. तपिशपूर्ण कहानी, 17. पिघला डालने वाली नयी ख़बर, 18. पनाह, 19. क्षमाशीलता, 20. छल्ले या पेंच, 21. गुलाम के बाल

6

सख़्तियाँ करता हूँ दिल पर, ग़ैर से ग़ाफ़िल हूँ मैं
हाय क्या अच्छी कही, ज़ालिम हूँ मैं जाहिल हूँ मैं

है मेरी ज़िल्लत ही कुछ मेरी शराफ़त की दलील
जिसकी ग़फ़लत को मलक[1] रोते हैं वो ग़ाफ़िल हूँ मै।

बज़्मे-हस्ती[2], अपनी आराइश[3] पे तू नाज़ाँ[4] न हो
तू तो इक तस्वीर है महफ़िल की, और महफ़िल हूँ मैं

ढूँढता फिरता हूँ ऐ 'इक़बाल' अपने-आप को
आप ही गोया मुसाफ़िर, आप ही मंज़िल हूँ मै।

1. देवदूत, 2. जीवित लोगों की सभा, 3. उठान, 4. घमंड,

7

लाऊँ वो तिनके कहाँ से आशियाने के लिए
बिज़लियाँ बेताब हों जिनको जलाने के लिए

वाए नाकामी[1] फ़लक ने ताक कर तोड़ा इसे
मैंने जिस डाली को तोड़ा आशियाने के लिए

दिल में कोई इस तरह की आरज़ू पैदा करूँ
लोट जाये आस्माँ मेरे मिटाने के लिए

पास[2] था नाकामी-ए-सैयाद[3] का, ऐ हमसफ़ीर,
वर्ना मैं, और उड़के आता एक दाने के लिए?

1. हाय मेरी बदक़िस्मती, 2. ख़याल, 3. शिकारी की असफलता।

8

फिर वादे-बहार आई, 'इक़बाल' ग़ज़लख़्वाँ हो
ग़ुंचा है अगर गुल हो, गुल हो तो गुलिस्ताँ हो

तू ख़ाक की मिट्टी है, अजज़ा की हरारत[1] से
बरहम[2] हो, परीशाँ हो, वुसअत[3] में बयाबाँ हो

तू जिन्से-मुहब्बत है क़ीमत है गिराँ[4] तेरी
कम-माया[5] हैं सौदागर इस देश में अर्ज़ाँ[6] हो

सामाँ की मुहब्बत में मुज़्मिर[7] है तन-आसानी
मक़सद है अगर मंज़िल, ग़ारतगरे-सामाँ[8] हो

---

1. खनिज पदार्थों की गरमी, 2. अस्त-व्यस्त, 3. विस्तार, 4. ऊँची, 5. थोड़ी पूँजीवाले, 6. दाम गिरें, 7. निहित, 8. सामान की बर्बादी।

9

न तू ज़मीं के लिए है न आस्माँ के लिए
जहाँ है तेरे लिए, तू नहीं जहाँ के लिए

रहेगा रावी-ओ-नील-ओ-फ़रात में कब तब
तेरा सफ़ीना कि है बहरे-बेकराँ[1] के लिए

ज़रा-सी बात थी अंदेशा-ए-अज़ाम[2] ने उसे
बढ़ा दिया है फ़क़त ज़ेबे-दास्ताँ[3] के लिए।

1. अथाह सागर 2. धर्म-विरुद्ध लोगों की शंका, 3. दास्तान को चटपटा बनाना।

10

मुझे आहो-फ़ुगाने-नीमशब[1] का फिर पयाम आया
थम, ऐ शहरौ[2], कि शायद फिर कोई मुश्किल मुक़ाम आया

ज़रा तक़दीर की गहराइयों में डूब जा तू भी
कि इस जंगाह[3] से मैं बनके तेग़े-बेनियाम[4] आया

य' मिस्रा लिख दिया किस शोख़ ने महराबे-मस्जिद पर
ये नादाँ गिर गये सिज्दों में जब वक़्ते-क़याम[5] आया।

चल ऐ मेरी ग़रीबी का तमाशा देखने वाले
वो महफ़िल उठ गई जिस दम् कि मुझ तक दौरे-जाम आया

1. आधी रात में आहें भरने वाले, 2. बटोही, राहगीर, 3. युद्धस्थल, 4. नंगी तलवार, 5. ठहरने का वक़्त।

11

ये पयाम दे गई है मुझे बादे-सुब्हशाही[1]
कि ख़ुदी के आरिफ़ों[2] का है मक़ाम पादशाही

तेरी ज़िंदगी इसी से, तेरी आबरू इसी से
जो रही ख़ुदी तो शाही, न रही तो रूसियाही[3]

न दिया निशाने-मंज़िल मुझे ऐ हकीम[4] तूने
मुझे क्या गिला हो तुझसे, तू न रहनशीं[5] न राही

1. सुबह की हवा, 2. परिचित, 3. मुँह पर कालिख, 4. दार्शनिक, 5. सड़कों के किनारे डेरा डालने वाले

12

हुस्ने-बेपर्वा को अपनी बेनक़ाबी के लिए
हों अगर शहरों से बन प्यारे, तो शहर अच्छे कि बन?

अपने मन में डूब कर पा जा सुराग़े-ज़िंदगी[1]
तू अगर मेरा नहीं बनता न बन, अपना तो बन!

मन की दौलत हाथ आती है तो फिर जाती नहीं
तन की दौलत छाँव है, आता है धन जाता है धन

मन की दुनिया में न पाया मैंने अफ़रंगी[2] का राज
मन की दुनिया में न देखे मैंने शेख़-ओ-बिरहमन

पानी-पानी कर गई मुझको क़लंदर की य' बात—
तू झुका जब ग़ैर के आगे न मन तेरा न तन

1. जीवन का रहस्य, 2. विदेशी।

13

परीशाँ होके मेरी ख़ाक आख़िर दिल न बन जाये
जो मुश्किल अब है या रब फिर वही मुश्किल न बन जाये

कभी छोड़ी हुई मंज़िल भी याद आती है राही को
खटक-सी है जो सीने में ग़मे-मंज़िल न बन जाये

बनाया इश्क़ न दरिया-ए-नापेदाकराँ[3] मुझको
य' मेरी ख़ुद निगहदारी[4] मेरा साहिल न बन जाये

उरूजे-आदमी-ख़ाकी[5] से अंजुम[6] सहमे जाते हैं
कि यह टूटा हुआ तारा महे-कामिल[7] न बन जाये

1. तटविहीन नदी, 2. आत्मरक्षा, 3. पृथ्वी पर रहनेवालों का उत्कर्ष, 4. सितारे, 5. पूरा चाँद।

14

अनोखी वज़अ[1] है, सारे ज़माने से निराले हैं
ये आशिक कौन-सी बस्ती के या रब रहने वाले हैं

इलाजे-दर्द में भी दर्द की लज़्ज़त पे मरता हूँ
जो थे छालों में काँटे नोके-सोज़ाँ[2] से निकाले हैं

फला-फूला रहे या रब चमन मेरी उमीदों का
जिगर का ख़ून दे-देकर ये बूटे मैंने पाले हैं

न पूछो मुझसे लज़्ज़त ख़ानुमाँ-बरबाद[3] रहने की
नशेमन सैकड़ों मैंने बनाकर फूँक डाले हैं

उमीदे-हूर ने जब कुछ सिखा रक्खा है वाइज़ को
ये हज़रत देखने में सीधे-सादे भोले-भाले हैं

नहीं बेगानगी अच्छी रफ़ीक़े-राहे-मंज़िल[4] से
ठहर जा ऐ शरर, हम भी तो आखिर मिटने वाले हैं

1. रंग-ढंग, 2. सुई की नोक, 3. बरबाद घर में, 4. हमसफ़र

15

दिगरगूँ[1] है जहाँ तारों की गर्दिश तेज़ है साक़ी
दिल हर ज़र्रा में गोगा-ए-रस्ताख़ेज़[2] है साक़ी

मताअ-ए-दीन-ओ-दानिश[3] लुट गई अल्लाह वालों की
ये किस काफ़िर-अदा[4] का ग़मज़हे-ख़ूँरेज़[5] है साक़ी

वही देरीना[6] बीमारी, वही नामहकमी[7] दिल की
इलाज इसका वही आबे-निशात-अंगेज़[8] है साक़ी

नहीं है नाउमीद 'इक़बाल' अपनी किश्ते-वीराँ[9] से
ज़रा नम हो तो यह मिट्टी बड़ी ज़रख़ेज़[10] है साक़ी

नशा पिलाके गिराना तो सबको आता है
मज़ा तो जब है कि गिरतों को थाम ले साक़ी

जो बादाकश[11] थे पुराने वो उठते जाते हैं
कहीं से आबे-बक़ाए-दवाम[12] ले साक़ी

कटी है रात तो हंगामा-गुस्तरीं[13] में तेरी
सहर क़रीब है अल्लाह का नाम ले साक़ी

---

1. बदली-बदली, 2. प्रलय का शोर, 3. बुद्धि और धर्म की पूँजी, 4. चंचल-चितवन, 5. ख़ूनख़राबा करने वाला कटाक्ष, 6. पुरानी, 7. कमज़ोरी, 8. आनंददायी जल, यानी शराब 9. उजड़े खेत, 10. उपजाऊ, ताकतवर, 11. पीने वाले, 12. कभी न चुकने वाला जल अर्थात् अमृत, 13. हंगामेबाजी।

16

गेसू-ए-ताबदार[1] को और भी ताबदार कर
होशो-ख़िरद[2] शिकार कर क़ल्बो-नज़र[3] शिकार कर

इश्क़ भी हो हिजाब[4] में, हुस्न भी हो हिजाब में
या तो ख़ुद आश्कार[5] हो या मुझे आश्कार कर

तू है मुहीते-बेकराँ[6], मैं हूँ ज़रा-सी आबे-जू[7]
या मुझे हमकिनार कर, या मुझे बे-किनार कर

बाग़े-बहिश्त से मुझे हुक्मे-सफ़र दिया था क्यों
कारे-जहाँ[8] दराज़[9] है अब मेरा इंतज़ार कर

रोज़े-हिसाब जब मेरा पेश हो दफ़्तरे अमल[10]
आप भी शर्मसार हो, मुझको भी शर्मसार कर

अगर कुछ आश्ना होता मज़ाक़े-जबीं-साई[11] से
तो संगे-आस्ताने-काबा[12] जा मिलता जबीनों में

कभी अपना भी नज़्ज़ारा किया है तूने ऐ मजनूँ
कि लैला की तरह तू ख़ुद भी है महमिल नशीनों[13] में

1. चमकदार बाल, 2.3. दिमाग़ और दिल, 4. पर्दा, 5. प्रकट, 6. असीम सागर, 7. नदी, 8. दुनिया के जंजाल, 9. बहुत ज़्यादा, 10. अंतिम दिन जब मेरे कर्मों का लेखा-जोखा पेश हो, 11. माथा रगड़ने की सहृदयता, 12. काबा की दहलीज का पत्थर, 13. महमिल (ऊँट पर रखी जाने वाली विशेष क़िस्म की कुर्सी, जिसमें औरतें बैठती हैं) में बैठनेवालियाँ अर्थात मजनू की प्रेमिकाएं।

महीने वस्ल की घड़ियों की सूरत उड़ते जाते हैं
मगर घड़ियाँ जुदाई की गुज़रती हैं महीनों में

मुझे रोकेगा तू ऐ नाख़ुदा[14] क्या ग़र्क़[15] होने से
कि जिनको डूबना है डूब जाते है सफ़ीनों[16] में

छिपाया हुस्न को अपने कलीमुल्लाह[17] से जिसने
वही नाज़आफ़री[18] है जल्वा पैरा[19] नाज़नीनों में

जला सकती है शम्मू-ए-कुश्ता[20] को मौजे-नफ़स[21] उनकी
इलाही, क्या छुपा होता है अहले-दिल के सीनों में

तमन्ना दर्दे-दिल की हो तो कर ख़िदमत फ़क़ीरों की
नहीं मिलता ये गौहर बादशाहों के ख़ज़ीनों में

न पूछ इन ख़िर्क़ापोशों[22] की, इरादत[23] हो तो देख उनको,
यदे-बैज़ा[24] लिये बैठे हैं अपनी आस्तीनों में

तरसती हैं निगाहें नारसा जिसके नज़ारे को
वो रौनक़ अंजुमन की है इन्हीं ख़ल्वत गुज़ीनों[25] में

किसी ऐसे शरर से फूँक अपने ख़िरमने-दिल[26] को
कि ख़ुर्शीदे-क़यामत[27] भी हो तेरे ख़ोशाचीनों में

मुहब्बत के लिये दिल ढूँढ कोई टूटनेवाला
ये वो भय है जिसे रखते हैं नाज़ुक आबगीनों[28] में

---

14. माँझी, 15. डूबना, 16. नाव, 17. पैगम्बर मूसा, 18. धन्ये है वह मानाभिमान, 19. दीदार को सँवारने वाला, 20. प्रेमियों के चिराग की, 21. साँस का झोंका, 22. गुदड़ी के लाल, 23. श्रद्धा, 24. पैगम्बर मूसा का दिव्य प्रकाश वाला हाथ, 25. अँधेरे में बैठे लोग, 26. दिल रूपी अनाज की ढेरी, 27. महाप्रलयकाल का सूर्य, 28. खेतों में सीला बीनने वाले।

सराण हुस्न बन जाता है जिसके हुस्न का आशिक़
भला ऐ दिल हसीं ऐसा भी हो कोई हसीनों में

फड़क उट्ठा कोई तेरी अदाये-माअर्फ़ाना[29] पर
तेरा रुतबा रहा बढ़-चढ़ के सब नाज़ आफ़रीनों में

नुमायाँ[30] होके दिखला दे कभी उनको जमाल अपना
बहुत मुद्दत से चर्चे हैं तेरे बारीक करीनों[31] में

ख़मोश, ऐ दिल, भरी महफ़िल में चिल्लाना नहीं अच्छा
अदब पहला क़रीना[32] है मुहब्बत के क़ीनों में

बुरा समझूँ उन्हें, मुझसे तो ऐसा हो नहीं सकता
कि मैं ख़ुद भी तो हूँ 'इक़बाल' अपने नुक्ताचीनों[33] में

---

29. सुराही, 30. याराना अदा, 31. प्रकट, 32. नज़रवाले, 33. शिष्टाचार, 34. आलोचक।

17

ज़माना देखेगा जब मेरे दिल से महशर[1] उट्ठेगा गुफ़्तगू का
मेरी ख़मोशी नहीं है, गोया मज़ार है हर्फ़े-आरज़ू[2] का

जो मौजे-दरिया लगी य' कहने सफ़र से क़ायम है शान मेरी
गुहर[3] य' बोला सदक़-नशीनी[4] है मुझको सामान आबरू का

न हो तबीयत ही जिनकी क़ाबिल वो तरबियत[5] में नहीं सँवरते
हुआ न सरसब्ज़ रहके पानी में अक़्से-सरू-ए-किनारे-जू[6] का

कोई दिल ऐसा नज़र न आया, न जिसमें ख़्वाबीदा[7] हो तमन्ना
इलाही तेरा जहान क्या है, निगारख़ाना[8] है आरज़ू का

अगर कोई रौ नहीं है पिन्हाँ[9], तो क्यों सराया तलाश हूँ मैं।
निगह को नज़्ज़ारे की तमन्ना है, दिल को सौदा है जुस्तजू का

1. प्रलय (इस्लामी पुराणशास्त्र के अनुसार उस वक़्त क़ब्रों से मुर्दे उठ खड़े होते हैं), 2. कामनाओं, 3. मोती, 4. सीपी में रहना, 5. पालन-पोषण, 6. नदी के किनारे उगे सरू के दरख़्त की परछाई, 7. प्रसुप्त, 8. चित्रशाला, 9. छिपी हुई।

18

ज़माना आया है बेहिज़ाबी[1] का, आम दीदारे-यार होगा
सुकूत[2] था पर्दादार जिसका वो राज़ अब अश्कार[3] होगा

गुज़र गया अब वो दौरे-साक़ी कि छुपके पीते थे पीनेवाले
बनेगा सारा जहान मैख़ाना, हर कोई बादाख़्वार होगा

किया मेरा तज़्किरा[4] जो साक़ी ने बादाख़्वारों की अंजुमन में
तो पीरे-मैख़ाना[5] सुनके कहने लगा कि मुँहफट है ख़्वार[6] होगा

दयारे-मग़रिब[7] के रहने वालो ख़ुदा की बस्ती दुक़ाँ नहीं है
खरा जिसे तुम समझ रहे हो वो अब ज़रे-कम अयार[8] होगा

तुम्हारी तहज़ीब अपने ख़ंजर से आप ही ख़ुदकुशी करेगी
जो शाख़े-नाजुक पे आशियाना-बनेगा नापायादार होगा

चमन में लाला[9] दिखाता फिरता है दाग़ अपना कली-कली को
यह जानता है कि इस दिखाये से दिलजलों में शुमार होगा

जो एक था, ऐ निगाह, तूने हज़ार करके हमें दिखाया
यही अगर कैफ़ियत है तेरी, तो फिर किसे ऐतबार होगा

---

1. बेपर्दगी, 2. मौन, 3. प्रकट, 4. ज़िक्र, 5. शराबख़ाने का मालिक, 6. अपमानित, 7. पश्चिमी देश, 8. कम कीमत की दौलत, 9. एक फूल।

ख़ुदा के आशिक़ तो हैं हज़ारों, बनों में फिरते हैं मारे-मारे
मैं उसका बंदा बनूँगा जिसको ख़ुदा के बंदों से प्यार होगा

न पूछ 'इक़बाल' का ठिकाना, अभी वही कैफ़ियत है उसकी
कहीं सरे-रहगुज़ार[10] बैठा सितमकशे-इंतज़ार[11] होगा।

10. राह में, 11. इंतज़ार की यातना झेलना।

19

जिन्हें मैं ढूँढता था आसमानों में ज़मीनों में
वो निकले मेरे ज़ुल्मतख़ाना-ए-दिल[1] के मकीनों[2] में

हक़ीक़त अपनी आँखों पर नुमायाँ जब हुई अपनी
मकाँ निकला हमारे ख़ाना-ए-दिल[3] के मकीनों में

---

1. दिल के अँधेरे घर में, 2. रहने वाले, 3. हृदय रूपी आवास।

20

अक़्ल गो आस्ताँ[1] से दूर नहीं
उसकी तक़दीर में हुज़ूर[2] नहीं

दिले-बीना[3] त्री कर ख़ुदा से तलब
आँख का नूर दिल का नूर नहीं

इल्म में भी सरूर है लेकिन
यह वो जन्नत है जिसमें हूर नहीं

इक जुनूँ[4] है कि बाशऊर[5] भी है
इक जुनूँ है कि बाशऊर नहीं

नासुबूरी[6] है ज़िंदगी दिल की
आह, वो दिल कि नासुबूर नहीं

बेहुज़ूरी है तेरी मौत का राज़
जिंदा हो तू तो बेहुज़ूर नहीं

हर गुहर ने सदफ़[7] को तोड़ दिया
तू ही आमादा-ए-ज़हूर[8] नहीं

---

1. दहलीज़, 2. ईश्वर, 3. दृष्टिवान हृदय, 4. जुनून, पागलपन, 5. तमीज़दार, 6. बेसब्री, 7. सीपी की खोल, 8. प्रकट होने को प्रस्तुत।

21

मस्जिद तो बना दी शब भर में ईमाँ की हरारतवालों ने
मन अपना पुराना पापी है, बरसों में नमाज़ी बन न सका

तर आँखें तो हो जाती हैं, पर क्या लज़्ज़त इस रोने में
जब ख़ूने-जिगर की आमेज़िश[1] से अश्क पियाज़ी[2] बन न सका

'इक़बाल' बड़ा उपदेशक है मन बातों में मोह लेता है
गुफ़्तार[3] का यह ग़ाज़ी[4] तो बना, किरदार[5] का ग़ाज़ी बन न सका

हज़ारों साल नर्गिस अपनी बेनूरी[6] पर रोती है
बड़ी मुश्किल से होता है चमन में दीदावर[7] पैदा

न आते, हमें इसमें तकरार क्या थी
मगर वादा करते हुए आर[8] क्या थी
तुम्हारी पयामी[9] ने सब राज़ खोला
ख़ता इसमें बन्दे की सरकार क्या थी
अगर कजरौ[10] है अंजुम[11], आस्माँ तेरा है या मेरा?
मुझे फ़िक्रे-जहाँ क्यों हो, जहाँ तेरा है या मेरा?

1. मिलावट, 2. प्याज के रंग की, 3. बातों का, 4. धर्मवीर, 5. स्वभाव, चरित्र, 6. फीकेपन, 7. दृष्टिगत, 8. हिचकिचाहट, संकोच, 9. ख़बर लाने का तरीका, 10. टेढ़ी चाल चलने वाले, 11. सितारे।

मोहम्मद भी तेरा, जबरील[12] भी, क़ुर्आन भी तेरा—
मगर यह हर्फ़े-शीरीं तर्जुगाँ[13] तेरा है या मेरा?

तेरे शीशे में मै बाक़ी नहीं है
बता क्या तू मेरा साक़ी नहीं है?
समंदर से मिले प्याले को शबनम
बख़ीली[14] है ये रज़्ज़ाक़ी[15] नहीं है?

ख़िरद[16] वाफ़िक़ नहीं है जेको-बद से
बढ़ी जाती है ज़ालिम अपनी हद से
ख़ुदा जाने मुझे क्या हो गया है
ख़िरद बेज़ार दिल से, मैं ख़िरद से

ख़िरद के पास ख़बर के सिवा कुछ और नहीं
तेरा इलाज नज़र के सिवा कुछ और नहीं
हर इक मुक़ाम से आगे मुक़ाम है तेरा
हयात[17] ज़ौक़े-सफ़र[18] के सिवा कुछ और नहीं

12. एक दयालु फ़रिश्ता, 13. मीठे बोलों वाला अनुवाद, 14. कंजूसी, 15. जीवनदायी उदारता, 16. बुद्धि, 17. जीवन, 18. यात्रा से मिलने वाला आनंद।